HORTA EM VASOS

HORTA EM VASOS

30 PROJETOS PASSO A PASSO PARA CULTIVAR
HORTALIÇAS, FRUTAS E ERVAS

Kay Maguire

Tradução de Fernanda Castro Bulle
Fotografia de Steven Wooster

Editora Senac São Paulo – São Paulo – 2014

Administração Regional do Senac no Estado de São Paulo
Presidente do Conselho Regional: Abram Szajman
Diretor do Departamento Regional: Luiz Francisco de A. Salgado
Superintendente Universitário e de Desenvolvimento: Luiz Carlos Dourado

Editora Senac São Paulo
Conselho Editorial: Luiz Francisco de A. Salgado
Luiz Carlos Dourado
Darcio Sayad Maia
Lucila Mara Sbrana Sciotti
Jeane Passos de Souza

Gerente/Publisher: Jeane Passos de Souza
Coordenação Editorial/Prospecção: Luís Américo Tousi Botelho
Márcia Cavalheiro Rodrigues de Almeida
Administrativo: João Almeida Santos
Comercial: Marcos Telmo da Costa

Tradução: Fernanda Castro Bulle
Preparação: Marcos Soel Silveira Santos
Edição de Texto: Rafael Barcellos Machado
Revisão Técnica: Roselaine Faraldo Myr Sekiya
Revisão de Texto: ASA Assessoria e Comunicação; Heloisa Hernandez (coord.)
Projeto Gráfico Original: Lizzie Ballantyne
Editoração Eletrônica: Fabiana Fernandes
Impresso na China

Para Jo, Kip e Matilda e para mamãe e papai.

Publicado de acordo com a Mitchell Beazley,
um selo Octopus Publishing Group Ltd, Endeavour House, 189 Shaftesbury Avenue, London WC2H 8JY
www.octopusbooks.co.uk
An Hachette UK Company
www.hachette.co.uk

Publicado em associação com a Royal Horticultural Society

© RHS Grow Your Own Crops In Pots
Kay Maguire, 2013

Todos os direitos reservados. Nenhuma parte deste livro pode ser reproduzida, armazenada em sistema de recuperação ou transmitida para qualquer fim nem por qualquer meio, seja eletrônico, eletrostático, fita magnética, mecânico, fotocópia, gravação ou outros sem a permissão expressa, por escrito, dos editores.

Editora Senac São Paulo
Rua 24 de Maio, 208 – 3º andar – Centro – CEP 01041-000
Caixa Postal 1120 – CEP 01032-970 – São Paulo – SP
Tel. (11) 2187-4450 – Fax (11) 2187-4486
E-mail: editora@sp.senac.br
Home page: http://www.editorasenacsp.com.br

Edição brasileira © Editora Senac São Paulo, 2014.

The Royal Horticultural Society (RHS) é a principal organização filantrópica britânica voltada para a promoção da horticultura e da jardinagem. Suas ações incluem consultoria técnica, cursos de formação, atividades práticas para crianças e pesquisas sobre plantas, pragas e problemas ambientais que afetam jardineiros e horticultores. Para maiores informações, visite www.rhs.org.uk.

Dados Internacionais de Catalogação na Publicação (CIP)
(Jeane Passos de Souza – CRB 8ª/6189)

Maguire, Kay
  Horta em vasos : 30 projetos passo a passo para cultivar hortaliças, frutas e ervas / Kay Maguire com colaboração da Royal Horticultural Society; tradução de Fernanda Castro Bulle; fotografia de Steven Wooster. – São Paulo : Editora Senac São Paulo, 2014.

  Título original: RHS Grow your own crops in pots
  ISBN 978-85-396-0535-4

  1. Horta em vasos 2. Horticultura 3. Ervas e hortaliças – Cultivo em vasos I. Royal Horticultural Society.

14-200s   CDD-635
        Índice para catálogo sistemático
1. Horticultura : Ervas e hortaliças : Cultivo em vasos   635

Sumário

Introdução   6

Técnicas e ferramentas   10

Planejar uma boa colheita   12
Escolher e comprar sementes ou
    mudas adequadas   16
Como implantar todos os
    tipos de culturas   18
Como nutrir e proteger as plantas   22
Irrigação sem estresse   28
Colheita e armazenamento   30
Resolvendo problemas comuns   32
Horta de um metro quadrado o ano inteiro   36

Frutas   40

Hortaliças   74

Ervas   138

Flores comestíveis   160

Glossário   170
Índice   172
Agradecimentos   176

O fruto e as flores de um morangueiro são a prova de que uma produção em vaso pode ser tanto bela quanto saborosa.

Está acontecendo uma revolução no plantio doméstico...

Cultive seu próprio alimento

Kay Maguire: "Além de ser divertido, cultivar meu próprio alimento me faz feliz e saudável!"

Nos últimos anos, a prática de cultivar o próprio alimento vem se popularizando, e estima-se que um quarto dos britânicos já o façam. Em muitos aspectos, essa tendência foi estimulada por preocupações com mudanças climáticas, aumento dos preços dos alimentos, transporte aéreo de víveres ou pelo simples desejo de consumir uma comida fresca, saudável e "autêntica".

Provavelmente não é coincidência que isso tenha ocorrido em uma época de crise econômica global. Embora a produção de alimentos para o próprio consumo não solucione as questões financeiras, qualquer horticultor dirá que cultivar uma horta é gratificante e mantém o espírito são. Quando se acrescentam a isso diversão, satisfação e o enorme prazer de comer algo que você mesmo plantou, não causa espanto que tantas pessoas estejam aderindo a essa prática.

E acredito que não se trate de uma moda passageira. Apesar de o cultivo da própria comida ter sido impulsionado por uma necessidade – seja ela financeira, ambiental ou um anseio por um alimento delicioso –, ele também é mantido pelo interesse dos horticultores. Uma vez experimentado este *hobby*, as chances de abandoná-lo são mínimas!

Comecei a plantar no fim dos anos 1970 em um lote de terra com meu pai, e 30 anos mais tarde continuamos nesse mesmo lugar. Não há comparação entre as frutas ou os vegetais nas prateleiras dos supermercados e aqueles que você mesmo cultivou, cuidou e protegeu contra intempéries e lesmas desde a semente. O alimento é fresco, saudável, geralmente sem químicos e sem culpa, além de muito saboroso.

Ter uma horta em vasos é uma oportunidade de cultivar o próprio alimento. Os maiores adeptos dessa

Vasos de ervas e folhas são fáceis de cuidar e se desenvolvem rapidamente. Servem bem como primeiras culturas para quem quer começar a produzir o próprio alimento.

Figos chegam a se desenvolver melhor em vaso do que em campo aberto, pois o confinamento das raízes estimula a frutificação.

prática estão em cidades, pequenas e grandes; esses jardineiros urbanos aproveitam qualquer espaço que encontram, em especial áreas de microclimas protegidos – solários –, que são perfeitos para produzir frutas, legumes e verduras.

É possível cultivar alimentos no peitoril de uma janela ou em qualquer lugar onde caibam alguns vasos. É a solução perfeita quando o espaço é pouco, pois pode-se usar vasos de parede, jardineiras e cestas pendentes. Não é necessário ter um lote de terra ou um jardim: é possível, por exemplo, cultivar alimentos no terraço, na varanda ou no pátio.

Além disso, pode-se usar um tipo diferente de terra em cada vaso e experimentar culturas como não se conseguiria de outra maneira. Por exemplo, se o solo do jardim for pedregoso, é possível cultivar cenouras num vaso com terra de textura fina, onde elas se desenvolvem muito bem; caso o solo seja alcalino, pode-se cultivar um vaso de mirtilos, que não se desenvolvem bem na presença de cal. Em um vaso também se pode controlar o crescimento de plantas que se espalham muito, como raiz-forte e hortelã, ou cultivar plantas mais delicadas, como cítricas ou uvas, transportando-as para a prateleira no inverno em regiões de clima temperado frio. Vasos são a solução para solos complexos e de difícil manejo – por exemplo, pantanosos, muito secos ou carentes de nutrientes.

Plantas cultivadas em vasos podem também embelezar o pátio ou a entrada da casa. O efeito é maior quando a planta é naturalmente chamativa. Feijões, acelga e ruibarbo, por exemplo, são bonitos, e há alfaces de várias cores e texturas. Plantas comestíveis

Tomates costumam ser uma das culturas favoritas para se plantar em vasos, mas requerem cuidado constante.

Cenouras crescem muito bem em recipientes com solo sem pedras.

podem ser misturadas com vasos ornamentais, com um efeito surpreendente. É possível também resolver os problemas relacionados à monocultura atraindo insetos benéficos com uma gama de flores chamativas.

Horta em vasos explica tudo o que você precisa saber para cultivar frutas, hortaliças, ervas e outras plantas comestíveis em recipientes, desde o plantio até a colheita. Neste livro, você encontrará dicas sobre tamanho de vasos, nutrição, tipos de substratos e variedades que se desenvolvem muito melhor em recipientes. Assim, você sentirá segurança para experimentar, mesmo que nunca tenha cultivado uma planta comestível antes. Felizmente, em sua maioria as plantas são autossuficientes se forem adubadas e irrigadas com regularidade. Se as coisas não derem certo, você aprenderá com a experiência e acertará na próxima vez. E lembre-se de manter os vasos perto de casa para acessá-los e manejá-los mais facilmente.

Comece com sua comida favorita, seja ela morango ou ervilha, e acrescente algo diferente no ano seguinte, por exemplo, abóbora, feijão ou *bok choy*. Logo você descobrirá que cultivar plantas comestíveis é divertido e muito agradável – e é provável que isso mude sua vida.

Um vaso com a combinação apropriada de plantas comestíveis pode ter uma aparência impressionante, rica em texturas variadas e de aspecto chamativo.

Técnicas e ferramentas

Planejar uma boa colheita

Antes de começar, pense com cuidado no que suas plantas precisam. Elas terão mais chances de frutificar em um local protegido, que receba luz e calor do sol. Mantenha os vasos bem longe do vento, onde secam rapidamente. Se possível, coloque os vasos em seus lugares definitivos antes de plantar. Vasos cheios de terra são pesados, mesmo os pequenos.

Garanta que o recipiente tenha o tamanho apropriado para a planta e lembre-se de que, quanto menor o vaso, maior a demanda por água e nutrientes. De forma resumida: hortaliças de raiz rasa, como alfaces e morangos, podem ser plantadas em sacos de cultivo e em cestas pendentes. A maioria das culturas requer um vaso de pelo menos 30 cm de profundidade e largura, mas frutíferas e variedades como o ruibarbo ou a raiz-forte talvez precisem de vasos com 90 cm ou mais.

Há inúmeros tipos de vasos, com uma infinidade de formatos; sendo assim, leve em consideração tamanho, forma, peso e material de que são feitos antes de comprá-los.

Vasos de barro São o tipo mais tradicional. São bonitos, pesados e estáveis, o que é conveniente para plantas grandes e altas; contudo, se for preciso transportá-los para abrigos mais quentes no inverno, talvez sejam pesados demais. O barro é poroso, seca rápido e congela sob baixas temperaturas, a menos que o fabricante especifique o contrário. Vasos de barro esmaltado são um pouco mais resistentes.

TÉCNICAS E FERRAMENTAS

Vasos de barro são lindos, mas talvez seja necessário revesti-los com plástico-bolha para evitar o ressecamento da terra e para proteger as raízes no inverno.

Vasos de plástico e fibra de vidro Além de baratos e resistentes, retêm bem a água, são leves e possuem mais mobilidade.

Vasos de metal Acrescentam um toque moderno ou retrô, dependendo do estilo. São resistentes, leves – exceto os de chumbo – e retêm bem a água. O metal fica frio no inverno e quente no verão, e pode enferrujar, portanto, revista-o e proteja a parte interna com papelão ou plástico-bolha.

Vasos de madeira São leves e resistentes, mas precisam ser forrados com plástico para que não apodreçam.

Cestas pendentes e jardineiras São excelentes para aproveitar o espaço vertical e podem dar uma ótima safra.

Recipientes recicláveis Pias velhas, banheiras, latas de óleo, botas velhas, engradados, baldes – a lista é enorme. Você pode cultivar uma planta em quase qualquer coisa, desde que seja grande e resistente e possua furos de drenagem apropriados.

Sacos de cultivo Essa alternativa, barata em comparação ao vaso, é perfeita para plantas de raízes rasas.

Pode-se cultivar nos mais variados tipos de recipientes, da tradicional tina de madeira aos sacos de cultivo, até os tubos de plástico reciclável, desde que possuam furos de drenagem.

Kit essencial para horta em vasos

- Vasos
- Substrato para vasos
- Material de drenagem
- Cobertura morta
- Colher de transplantio e garfo
- Regador com crivo, mangueira ou esguicho
- Tesoura de poda
- Estacas, varetas, gravetos
- Barbante
- Campânula de vidro, tecido de microfibra ou tela

Se você é uma pessoa ocupada, passa muito tempo fora de casa ou tem muitos vasos, invista em um sistema de irrigação automático ou por gotejamento.

Perlita (centro) e vermiculita (direita) são bons aditivos para plantas que precisam de um substrato mais leve, pois melhoram a drenagem.

Sempre use substrato novo para semear ou transferir plantas para vasos maiores. Reciclar substratos velhos pode disseminar doenças.

Ao montar um vaso, é bom adicionar fertilizantes de liberação lenta à terra para ajudar o crescimento das plantas mesmo após o esgotamento do estoque original de nutrientes do substrato.

Uma cobertura de pedriscos ou cascalho ajuda a reter a umidade em vasos com ervas sortidas, além de impedir que a água entre em contato com a corola das plantas.

Substrato

O melhor que você pode fazer é usar substrato de qualidade. Substratos para uso geral, sem terra, são um bom meio de crescimento para a maioria das plantas, mas como a qualidade é variável, não escolha o mais barato. Como são leves e de fácil drenagem, substratos para uso geral secam rapidamente e pode ser difícil umedecê-los de novo.

Se estiver produzindo plantas altas ou por mais de uma estação, use um substrato à base de argila, pois é mais pesado e estável que as opções sem terra, além de reter melhor a água e os nutrientes. Substratos especiais também estão disponíveis, como o de ericácea para mirtilos e substratos específicos para cítricos.

Não use solo comum de jardim, pois pode conter pragas e doenças.

Talvez você tenha de acrescentar perlita ou pedriscos ao substrato para melhorar a drenagem. O desenvolvimento inicial da planta será melhor se, durante o plantio, forem acrescentados fertilizantes em grânulos de liberação lenta, substratos caseiros, matéria orgânica curtida ou estimulantes para crescimento de raízes. O gel para plantio pode impedir o ressecamento do vaso, mas não acrescente muito para não encharcar.

Vasos velhos são úteis dentro de um recipiente maior, pois reduzem a quantidade de substrato necessária, o peso e os custos.

Fertilizantes

Se você não acrescentar fertilizante de liberação lenta ao plantar, os nutrientes presentes no substrato vão se esgotar após cerca de seis semanas. Então, a nutrição da planta dependerá de você. Pode-se fazer adubação de cobertura com fertilizante seco ou líquido. Uma nutrição balanceada fortalece as plantas, mas, para maximizar a frutificação, é necessário um fertilizante rico em potássio. No mercado estão disponíveis produtos químicos, como os fertilizantes ricos em potássio, mas opções orgânicas, geralmente à base de algas marinhas ou confrei, também são uma excelente escolha. Como alternativa, você pode acrescentar folhas de confrei ao substrato antes de plantar, ou fazer fertilizante líquido caseiro deixando folhas de confrei de molho em um balde com água por algumas semanas.

Material de drenagem

Uma boa drenagem é vital em vasos. Como a água precisa escoar livremente, forre a base do recipiente com muito material de drenagem – cacos de vasos de cerâmica, pedras, pedregulhos e pedaços de isopor são boas opções. Cubra os furos na base do vaso com esses materiais para que não sejam obstruídos por raízes ou terra. Colocar os vasos acima do nível do chão, sobre tijolos ou blocos de madeira, também ajuda a melhorar a drenagem, especialmente quando o clima está úmido.

Cobertura morta

Uma cobertura morta é fundamental no plantio em vasos. De modo bem simples, consiste em cobrir a superfície da terra com algum material que ajude a reduzir a perda de umidade, sirva como barreira contra ervas-daninhas e pragas, evite compactação e ajude a proteger a raiz das plantas contra o clima frio. A cobertura morta também pode refletir ou absorver luz e calor, dependendo da cor. Utilize cacos de ardósia, pedregulhos, conchas moídas e contas de vidro. A melhor cobertura é aquela que, além de proteger, nutre a planta. Cascas, matéria orgânica curtida, substrato caseiro, folhas em decomposição, todos fornecem nutrientes extras ao se decomporem.

Plantas comestíveis também podem ser bonitas. Esses pimentões são tão lindos quanto a amarelinha (*Thunbergia alata*) a seu lado.

Escolher e comprar sementes ou mudas adequadas

Há centenas de plantas apropriadas para o cultivo em vasos, de pequeno porte e que parecem arbustos, como certas espécies de pimenta, tomate, abóbora, ervilha e feijão. Quase todas as frutas, hortaliças e ervas apresentam ao menos uma variedade própria para vasos. Com essas opções, você certamente terá sucesso, mas não precisa se restringir a elas.

Escolha variedades que não sejam muito vigorosas. Em regiões de clima frio, procure por cultivares que brotam rápido ou precocemente, em vez de hortaliças como o tomate ou a berinjela, que precisam de um longo período de crescimento e sofreriam ao ar livre em um verão curto. Ao escolher frutíferas, prefira aquelas com porta-enxerto anão, ou não sobreviverão em vaso.

Uma vez escolhidas as variedades, sempre opte por sementes e mudas de melhor qualidade. Esse não é o momento de reduzir custos. Sementes orgânicas e plantas novas podem ser encontradas com facilidade, mas considere produzir variedades antigas também. A maioria apresenta um longo histórico de cultivo e costumam ser mais interessantes e saborosas do que as mais comumente ofertadas. São também de polinização aberta, o que as torna ideais para produzir sementes caso você tenha essa intenção (veja p. 31).

Intercalar e consorciar culturas

Cada planta tem um ritmo próprio de crescimento, o que ajuda a otimizar o espaço no vaso quando se semeia variedades de crescimento rápido em pedaços vazios de terra. Consorcie uma planta de crescimento rápido (ver lista abaixo) com outras de crescimento lento, como feijão, mandioquinha ou cebola. Alternativamente, enquanto espera a cultura mais demorada brotar, reveze culturas intercalares de crescimento rápido nos espaços vazios. Você pode semear fileiras inteiras ou apenas algumas sementes.

- Beterraba
- Cenoura
- Acelga
- Alface e folhas de salada
- Rabanete
- Espinafre
- Cebolinha

Rabanetes crescem bem com outras plantas. Podem ser colhidos logo, pois levam apenas seis semanas para se desenvolverem.

16 TÉCNICAS E FERRAMENTAS

A maioria das culturas tem ao menos uma variedade que viceja em vaso. Entre as mostradas aqui, estão manjericão roxo, vários tipos de orégano e alface roxa.

Ao investir em uma frutífera, procure mudas de variedades locais. Uma árvore produzida em seu habitat natural é mais feliz, mais saudável e se desenvolve melhor que qualquer outra. Visite um viveiro especializado e peça orientação específica sobre os melhores enxertos e tipos de árvore para o cultivo em vasos.

O que não pode ser plantado em vasos

Infelizmente, existe um pequeno número de culturas que se dão melhor no solo. Plantas perenes, como o girassol batateiro e a alcachofra, são grandes e exigentes em termos nutricionais, enquanto culturas como o aspargo, que demora muito para ser colhido, teriam uma produção irrisória em vaso, embora de excelente qualidade.

A maioria das brássicas requer uma terra firme para se manter estável e produzir um pé decente, algo difícil de se conseguir em vaso, além de apresentar crescimento lento. Mas se você tiver uma horta aberta, plante essas lindas hortaliças.

Prefira sempre plantas fortes e saudáveis ao comprar frutíferas. Elas são um investimento e ficarão com você por muito tempo.

Como implantar todos os tipos de culturas

Se você não tem tempo, espaço ou disposição para produzir seus cultivares a partir da semente, ou perdeu a época de semeadura, há a opção de adquirir mudas, plantas jovens ou plantas adultas em vasos. Embora existam menos variedades em comparação com as sementes, as mudas geralmente estão prontas para se desenvolver. Viveiros especializados oferecem mais opções que entrepostos locais.

Caso compre hortaliças tenras como feijões ou abobrinhas, depois de passado o perigo das geadas, aclimate-as ao sol, ao vento e à chuva aos poucos antes de deixá-las permanentemente do lado de fora. Faça isso ao longo de uma semana, colocando-as para fora durante o dia e recolhendo-as para dentro de casa durante a noite – assim, gradualmente elas se acostumarão às mudanças de temperatura e às condições gerais a céu aberto. Quando plantá-las ao ar livre, faça-o pela manhã, pois elas terão o dia inteiro para se acostumar. De preferência, plante novas mudas no vaso assim que as adquirir, mas, se não for possível, mantenha-as bem irrigadas até poder fazê-lo.

Como plantar mudas nos vasos

1 Regue as plantas quando ainda em seus vasinhos.

2 Forre a base do vaso com material de drenagem (veja p. 15) e acrescente o substrato (veja p. 14) até um pouco abaixo da profundidade da nova planta. Se necessário, misture fertilizante de liberação lenta.

3 Separe as raízes das plantas se houver mais de uma variedade no mesmo vaso, e plante-as individualmente, assentando o substrato ao longo do processo. Deixe 2 cm entre o substrato e a borda do vaso para facilitar a rega.

4 Cubra com pedriscos ou matéria orgânica e regue bem as plantas. Não se esqueça de tomar medidas de controle contra lesmas e caracóis (veja p. 32).

Semear em vasos ao ar livre

A maioria das plantas pode ser semeada ao ar livre na época certa, geralmente quando os dias ficam mais quentes, em meados da primavera. Essa é a maneira mais simples, barata e eficiente de produzir grande parte das hortaliças e das ervas.

1 Com as mãos ou com o auxílio de um garfo de jardinagem, esfarele torrões presentes no substrato.

2 Regue o substrato – isso impede que sementes menores sejam levadas embora e ajuda na germinação.

Todos os tomateiros precisam crescer num lugar protegido antes de serem expostos ao ar livre.

A maioria das mudas, como esse espinafre, precisa de desbaste para ter espaço e se desenvolver bem. A superlotação pode enfraquecer a planta e predispô-la a doenças.

3 Marque um sulco para sementes pequenas e faça covas com o semeador para sementes maiores.

4 No sulco, esparrame delicadamente um punhado de sementes. Em cada cova, ponha uma única semente.

5 Mantenha o substrato úmido enquanto as sementes germinam.

6 Desbaste as mudas para que se desenvolvam bem. Quando tiverem cerca de 3 cm de altura, desbaste-as para que fiquem com o espaçamento final.

Semear primeiro dentro de casa

Em regiões onde o verão não é longo nem muito quente, algumas plantas, como tomate e berinjela, precisam ser semeadas primeiro dentro de casa, para que consigam germinar, amadurecer, florescer e dar frutos. Na produção dessas plantas a partir da semente, você pode se beneficiar da grande variedade que existe. Além disso, poderá plantar com antecedência culturas mais tenras, que não podem ser semeadas ao ar livre até o fim da estação, como feijões, abobrinhas, abóboras e milho-doce.

Não serão necessários muitos equipamentos. Uma sementeira é útil, embora um peitoril de janela com boa fonte de luz e calor sirva. Você pode usar qualquer recipiente, como potes de iogurte, ou fazer vasinhos com jornal ou tubos de papel higiênico, desde que tenham furos de drenagem. Bandejas com divisórias são um bom investimento, pois dispensam o desbaste (já que se coloca uma única semente em cada célula), sendo ideais para culturas como coentro e ervilhas, cujas raízes detestam ser perturbadas.

Um peitoril de janela quente e ensolarado é um bom primeiro lar para muitas mudas e plantas jovens, desde que bem iluminado.

TÉCNICAS E FERRAMENTAS

1 Encha vasos ou bandejas com substrato e pressione-o de leve para assentá-lo.

2 Regue o substrato com uma mangueira fina.

3 Espalhe as sementes sobre a superfície do substrato ou faça uma cova rasa e enterre sementes individuais em cada uma delas, seguindo as instruções da embalagem quanto à profundidade de semeadura e às condições de germinação.

4 Cubra o vaso ou a bandeja com filme plástico ou coloque-os dentro de um saco plástico limpo e feche.

5 Coloque o vaso sobre um peitoril de janela que tenha uma boa fonte de luz e calor e mantenha o substrato úmido enquanto as sementes germinam.

6 Assim que as mudas começarem a brotar, retire o plástico.

7 Quando surgirem as primeiras folhas, transfira as mudas para vasos individuais maiores. Ao fazer isso, sempre segure as mudas pelas folhas e não pelo caule, e plante-as no vaso até a altura da primeira folha.

8 Espere algumas semanas antes de transferir as plantas para vasos maiores.

9 Depois de passadas as geadas, leve as plantas gradualmente para fora e, por fim, plante-as em seus recipientes finais.

Plantar frutíferas

Opte por vasos um pouco maiores que o recipiente em que veio a planta; um vaso de 40 cm de diâmetro é uma boa primeira escolha, mas dentro de alguns anos a árvore precisará ser transplantada para um recipiente maior. Se a planta tiver as raízes expostas, garanta que elas tenham espaço suficiente para se desenvolver.

1 Mergulhe a árvore na água para que fique bem irrigada antes de ser plantada.

2 Forre o fundo do recipiente com material de drenagem (veja p. 15). Acrescente à base de terra bastante substrato, sobre o qual será colocado o torrão de raiz. Determine a profundidade a que a árvore estava plantada antes pela marca de solo no caule.

3 Plante-a nessa mesma profundidade, deixando de 3 cm a 4 cm entre a superfície do substrato e a borda do vaso.

Esse pessegueiro precisará ser transferido para vasos maiores ao longo dos anos, à medida que crescer, até estar em seu recipiente final com cerca de 60 cm de diâmetro.

4 Preencha ao redor da raiz com o substrato, pressionando gentilmente até que a árvore esteja firme no vaso.

5 Se sua árvore precisar ser escorada, use uma estaca pequena, pois o que se deseja é proteger a raiz do vento, e não impedir sua movimentação. Enfie dois terços da estaca no substrato e amarre-a levemente à árvore.

6 Regue bem e coloque cobertura morta.

Como nutrir e proteger as plantas

As plantas em vasos precisam de mais atenção do que as plantadas diretamente na terra. Seu suprimento de água e nutrientes é limitado, e depende de você para reabastecê-lo. Se fizer isso, a maioria de suas culturas vai progredir sem problemas. Mas, ocasionalmente, elas precisam de atenção extra: algumas requerem poda ou precisam ser amarradas a suportes, outras precisam de proteção contra pragas ou remoção para um abrigo.

Seja qual for a tarefa, ela não será difícil. A beleza de plantar em vasos é que tudo se dá em pequena escala. Dê às suas plantas o que elas precisam e isso fará toda a diferença para a colheita ao fim da estação.

Seja vigilante. Durante os meses de crescimento no verão, você precisará checar os vasos diariamente, até mesmo duas vezes ao dia. Mas uma caminhada pela manhã ou à noite é um pequeno e agradável preço a se pagar para ter certeza de que suas culturas estão bem.

Além de assegurar que você não deixará passar nada – folhas murchas, lagartas ou um fruto pronto para ser colhido –, tal rotina lhe poupará tempo e energia a longo prazo.

TÉCNICAS E FERRAMENTAS

Irrigação

Encare o fato desde o princípio: essa será sua principal ocupação ao plantar em vasos. Nunca pressuponha que uma chuva recente tenha feito o trabalho por você, especialmente se o vaso estiver inacessível à chuva por causa de um muro ou uma cerca. Facilite sua vida colocando os vasos perto de uma torneira e investindo numa mangueira decente – transportar regadores de lata para lá e para cá se torna cansativo depois de um tempo, mesmo que a área seja pequena. Compre um esguicho para mangueira, ou um crivo para o regador de lata, a fim de evitar a compactação do solo. Se planeja ter muitos vasos, invista em um sistema de irrigação adequado.

Nutrição

A nutrição é quase tão importante quanto a irrigação, e cada cultura tem suas exigências. A maioria requer uma alimentação constante durante as estações de crescimento e frutificação. Quando se esgotarem os nutrientes do substrato – após cerca de seis semanas –, elas dependerão de você para nutri-las. Uma das maneiras mais fáceis de lembrar quando alimentar suas plantas é fazê-lo sempre no mesmo dia da semana. Desse modo, a tarefa vai se inserir naturalmente em sua rotina e talvez você nunca a esqueça.

Como garantir que as culturas estejam em boas condições

Pode parecer um fardo, mas cuidar bem das plantas aumenta sua produtividade e assegura sua boa saúde. Ervas se beneficiam de uma colheita constante e da retirada das pontas apicais para estimular o crescimento denso de plantas jovens. Flores comestíveis precisam de constante limpeza e remoção das flores secas e murchas para ajudar no desenvolvimento de mais flores. Coloque estacas em todas as plantas altas, como feijões, ervilhas, pepinos e uvas, e conduza o crescimento de frutíferas, amarrando-as a tripés, obeliscos e varas sempre que necessário, para orientá-las na direção certa. A poda de frutíferas e arbustos ao menos uma vez ao ano ajuda a mantê-los em boas condições e protegê-los de doenças, aumentando seu tempo de vida e a produção de frutos.

Irrigar os vasos será sua principal ocupação nos meses de verão, sendo que algumas culturas, como o tomate, precisam de água todos os dias. Faça isso no começo da manhã ou à noite.

A nutrição é vital para ter plantas resistentes, saudáveis e produtivas. Use fertilizantes prontos, dilua-os se necessário na proporção recomendada, ou faça fertilizante caseiro de confrei (veja p. 15).

É preferível plantar hortelã sozinha em um vaso, para evitar que sufoque outras plantas.

Quando precisar se ausentar

Antes de partir:

- Coloque as plantas na sombra, agrupando os vasos para ajudar a manter a umidade.
- Coloque, sob todos os vasos, pratos grandes cheios de água.
- Coloque cobertura morta nas plantas, se ainda não o fez, para evitar perda de umidade.
- Se for ficar fora por apenas alguns dias, construa uma garrafinha de gotejamento: faça um pequeno furo na tampa de uma garrafinha cheia de água, vire-a de ponta-cabeça e a enterre com a tampa no substrato. A água lentamente penetrará na terra.
- Esqueça os custos e invista em um sistema de irrigação automático.
- Peça a amigos ou familiares para cuidar de suas plantas enquanto estiver fora.

Polinização

Algumas culturas se beneficiam quando você ajuda na polinização. Frutíferas, como pessegueiros ou ameixeiras, talvez floresçam sem que haja polinizadores por perto; nesse caso, transfira o pólen de flor em flor

Acima: As abelhas são ótimos polinizadores na primavera e no verão, ao voarem em volta de flores como a dessa framboesa.

À esquerda: Coloque vasos um ao lado do outro para que as plantas forneçam sombra umas às outras, aumentando, assim, a umidade.

TÉCNICAS E FERRAMENTAS

Se houver poucos insetos, ou se ventar muito na região, ajude na polinização de plantas como a berinjela esfregando gentilmente suas flores com um pincel.

Proteja frutíferas como o morango dos pássaros, usando uma tela de jardim. Prenda-a em arcos sobre as plantas e feche-a bem para que nenhum pássaro entre e fique preso.

com um pequeno pincel, esfregando gentilmente nos estames. O milho-doce polinizado apenas pelo vento talvez precise de um leve tapinha no pendão para que o pólen pulverize as flores femininas abaixo. Informações sobre polinização podem ser encontradas no guia de cada planta, mas seguem algumas dicas:
Berinjelas – esfregue as flores (veja p. 82);
Pimentas e pimentões – esfregue as flores gentilmente (veja p. 83);
Ameixas – esfregue a flor com um pincel (veja p. 53);
Feijão – pulverize água nas flores para firmá-las (veja p. 118);
Morangos – esfregue as flores gentilmente com um pincel (veja p. 70);
Tomates – balance as flores ou pulverize água nelas para transferir o pólen (veja p. 76).

Transplantio
A cada dois ou três anos, todas as plantas perenes precisam ser transplantadas para vasos maiores cheios de substrato novo. Uma vez transplantadas para o vaso de maior tamanho – geralmente com 50 cm ou 60 cm de diâmetro –, apenas faça uma poda das raízes e troque o substrato. Na primavera dos anos em que o transplantio não é feito, estimule o crescimento removendo os cinco primeiros centímetros de terra da superfície e repondo-os com um novo substrato.

Fornecer o meio de crescimento ideal
Uma vez que as plantas se firmem resistentes e saudáveis, é importante cultivá-las no ambiente mais favorável possível. Aqueles cinco centímetros de camada de cobertura morta são uma arma vital para ajudá-las a se desenvolverem bem e ficarem mais resistentes a pragas e doenças. É interessante também levantar barreiras contra invasores como pássaros, insetos (lagartas e abelhas) ou mesmo ratos (veja p. 32-35).

Atraia insetos benéficos e predadores naturais produzindo mais variedades de plantas. Coloque vasos

Um recipiente industrial grande e profundo como esse resulta em um excelente canteiro para produzir vários tipos de culturas.

Acima e à esquerda: Joaninhas são uma das maiores ajudantes na guerra contra os afídeos.

Acima e à direita: Uma caixa-ninho ajuda a atrair pássaros para a área.

de diferentes culturas um ao lado do outro e plante combinações de culturas em vasos maiores. Produzir ervas, flores e culturas ao lado de frutas e vegetais atrai polinizadores, como abelhas, e insetos úteis, como a joaninha, a mosca-das-flores e o bicho-lixeiro (veja box ao lado). Isso é muito mais fácil de acontecer em vasos do que em hortas, onde as plantas geralmente são produzidas em linhas e em grupos de uma só variedade. Pense nos vasos como se fossem uma comunidade de plantas: diversidade trará equilíbrio, e se você puder inserir algumas plantas benéficas e úteis, tanto melhor.

Uma área próxima com água, mesmo que muito pequena, também pode atrair pássaros, insetos e, se você tiver sorte, até rãs e sapos. Um bebedouro de pássaros já ajuda, mas um vaso esmaltado maior, cheio de água e com algumas plantas aquáticas, poderia atrair alguns visitantes surpreendentemente úteis para o manejo das pragas.

TÉCNICAS E FERRAMENTAS

Culturas associadas

Certas plantas se beneficiam mutuamente quando cultivadas juntas. Acredita-se que culturas associadas atraiam insetos benéficos, repilam ou detenham pragas ao mascarar o cheiro da planta hospedeira, ou até se sacrifiquem ao atraírem as pragas para si.

Culturas associadas mais importantes

Manjericão: as folhas repelem insetos e protegem os tomates dos afídeos.
Cravo-de-defunto (*Tagetes*): repele afídeos dos feijões e a mosca-branca dos tomates.
Cebolinha-chinesa: tem um cheiro forte que afasta a mosca da cenoura e pode repelir afídeos das framboesas.
Lavanda: atrai eficientemente polinizadores e seu odor acentuado confunde as pragas.
Capuchinha: é conhecida por afastar afídeos dos feijões e atrair insetos benéficos.
Coentro: libera um odor que repele afídeos e a mosca da cenoura.
Borragem: protege os tomates das mariposas da espécie *Manduca sexta* e funciona como um excelente ímã polinizador.

Proteção contra o clima

Se as plantas estiverem sofrendo com uma onda de calor, agrupe os vasos na sombra. Variedades em vaso são bem mais suscetíveis ao frio do que quando plantadas no chão, portanto, se a previsão é de uma forte geada, proteja a raiz das plantas envolvendo os vasos com plástico-bolha ou sacos de juta cheios de palha. Cobertura vegetal também ajuda as raízes a não congelarem. Enterre pequenos vasos na terra se tiver espaço. Transfira as plantas sensíveis a baixas temperaturas para um lugar abrigado, longe de locais frios, agrupe os vasos e embrulhe cada planta em uma manta de horticultura. Em climas muito úmidos, remova a cobertura dos vasos e tire os pratos, para que a planta não fique encharcada. Erguer os vasos do chão ou colocá-los sobre blocos de madeira ajuda na drenagem do excesso de água.

Se cultivar flores próximas às culturas comestíveis, elas ajudarão a atrair insetos benéficos.

Irrigação sem estresse

A irrigação é um dos aspectos mais exigentes na produção de plantas em vaso. A planta está em uma pequeníssima quantidade de terra, portanto, seu regime de rega afetará diretamente a qualidade e a quantidade de nutrientes fornecidos. É preciso observar os vasos com cuidado, especialmente durante um verão quente e em determinadas fases, como a frutificação, quando a planta requer irrigação todos os dias. Entretanto, é possível fazer o melhor uso da água sem desperdiçar seu tempo nem esse recurso valioso.

Há inúmeras medidas que podem ser tomadas a fim de ajudar na preservação da água. Primeiro, use o maior recipiente que você puder: 30 cm a 40 cm, ou mais, de diâmetro e de profundidade é o ideal. Vasos de plástico são muito melhores que os porosos para reter água, os de barro inclusive, mas é possível aplicar um selante ou revestir os vasos de barro com plástico para melhorar a capacidade de retenção. Segundo, use substrato à base de argila para plantas de ciclo de vida longo (como frutas) e para aquelas que exigem muita água (como tomates); substratos para uso geral, especialmente à base de turfa, drenam demais. Terceiro, antes de plantar, você pode misturar gel para plantio, que ajudará o substrato a reter água por mais tempo, mas não exagere na quantidade, pois em excesso pode deslocar as plantas e causar encharcamento. Por fim, depois de plantar, sempre coloque uma cobertura no vaso. Cobrir o substrato com 5 cm de camada de pedra, seixo ou matéria orgânica reduz significativamente a quantidade de umidade perdida na superfície do solo, ajudando a prevenir muitos problemas agravados pela perda de água.

Ao decidir o que plantar, é importante ter em conta que algumas culturas precisam de mais água que outras. Verduras de folhas, como a alface, e plantas que dão fruto, como tomate e abobrinha, requerem muita água, enquanto cebola, alho e echalota demandam bem menos.

Capte e armazene o máximo possível de água de chuva e instale um sistema de irrigação por gotejamento para usá-la. Esse sistema despeja água exatamente onde as plantas precisam e molha o solo de forma gradual, evitando, desse modo, desperdício ou perdas. Um sistema assim também economiza tempo, pois não é preciso ficar carregando mangueiras e regadores para todo lado.

Dicas de irrigação

- Cheque o nível de umidade de cada vaso todos os dias durante o período de crescimento.
- Não regue em excesso. Mantenha o substrato úmido, mas não encharcado, e seja consistente: não inunde seus vasos para depois submetê-los a um período de estiagem, fazendo com que ressequem.
- Agrupe vasos para criar uma sombra benéfica e mútua.
- Sempre regue de noite ou no começo da manhã. Assim, a água chegará à raiz das plantas em vez de evaporar ao longo do dia. Não se esqueça, entretanto, de que molhar no fim do dia pode atrair lesmas e caracóis para plantas vulneráveis, como as mudas.
- Remova plantas daninhas dos vasos.
- Para plantas que precisam de muita água e têm a raiz profunda, como os tomateiros, enfie no substrato próximo à planta um recipiente ou uma garrafa de plástico sem fundo, de ponta-cabeça, e regue diretamente dentro do substrato, levando a água onde é necessária.

Sistemas de irrigação por gotejamento são úteis quando se tem muitos vasos ou, simplesmente, para economizar tempo e preocupação quanto à rega.

Armazene água da chuva onde for possível. Ter alguns barris de plástico por perto poupa o trabalho de arrastar latas d'água entre recipientes distantes.

Usar o regador sem crivo ajuda a água a escoar para as raízes.

Uma boa hora do dia para regar é de manhã, quando o sol ainda não faz a água evaporar; a planta fica abastecida pelo dia inteiro.

TÉCNICAS E FERRAMENTAS 29

Colheita e armazenamento

O período de colheita não é uma ciência exata, pois depende da variedade, do clima e do lugar onde você está plantando. A maioria das culturas precisa ser colhida para que não se perca sua melhor fase e para que continuem produzindo. Algumas poucas plantas, como os vegetais de raiz – por exemplo, cenouras e pastinacas – e a maioria das frutas cítricas, podem ser deixadas no chão ou no pé até o momento em que você queira colhê-las.

Nada supera o sabor de uma produção fresca, caseira, vinda direto da horta, e essa é, definitivamente, a melhor maneira de desfrutar de suas plantas. Mas se a colheita for muito abundante, não há necessidade de desperdiçar os tão merecidos frutos. A maioria das frutas, verduras, ervas e dos legumes pode ser conservada na geladeira por alguns dias. Além disso, quase tudo o que se planta pode ser congelado, desidratado, estocado ou colocado em conserva, dependendo da cultura. Instruções específicas sobre colheita e armazenamento podem ser encontradas nos capítulos de cada cultura (veja p. 40-169). Quando se planta da maneira correta, é possível desfrutar delícias todos os meses do ano.

Desde que estejam frescos, tomates maduros não precisam ser arrancados do pé até que você queira colhê-los.

Como os mirtilos apresentam diferentes tempos de maturação, colha-os sempre para que não se perca nenhum.

Colher e armazenar sementes

Embora grande parte das sementes seja barata, seu custo está cada vez maior; então, para reduzir um pouco as despesas anuais, por que não colher e armazenar suas próprias sementes? Mais recompensador que qualquer ganho monetário, no entanto, é a satisfação que se tem ao completar o ciclo – da planta à semente e da semente à planta outra vez. Você também pode trocar sementes com amigos e familiares, ou com grupos de horticultores e produtores do país.

Alguns resultados das sementes colhidas em casa não serão tão previsíveis quanto aqueles das compradas em mercados. Por exemplo: sementes híbridas F1 às vezes são traiçoeiras, e é difícil prever como será sua produção – se é que produzirão. Sementes de variedades antigas e de outros tipos de híbridos são bem mais confiáveis e sua colheita vale a pena. Entre as sementes fáceis de armazenar estão as de feijões, ervilhas, abóboras e abobrinhas, tomates, coentro, funcho e as de alfaces que já floresceram.

- Colha as sementes em um dia seco – e apenas de plantas saudáveis.
- Retire a inflorescência inteira e coloque-a em um saco de papel.
- Seque-a ao sol, sobre o peitoril de uma janela, antes de extrair as sementes.
- Remova resquícios de gluma ou casca das sementes e armazene-as em um local fresco e seco, dentro de um pote hermético. O refrigerador é uma opção melhor que o armário de cozinha.
- Sempre etiquete e date as sementes.
- Limpe as sementes de frutos carnosos, como as dos tomates, peneirando o fruto e enxaguando a polpa da semente. Deixe secar antes de armazenar.

Ao colher feijões no fim da estação, deixe alguns no pé para secar. Colha-os antes das geadas e armazene as sementes.

Colha as inflorescências inteiras de coentro e coloque-as para secar em sacos de papel antes de remover as sementes e armazená-las.

TÉCNICAS E FERRAMENTAS   31

Resolvendo problemas comuns

Cultivar em recipientes tem alguns desafios específicos: você está produzindo plantas em um espaço limitado e precisa tomar cuidados extras quanto à irrigação e à nutrição. Se fizer isso corretamente, terá plantas fortes, saudáveis e produtivas, menos suscetíveis e mais resistentes à invasão de pragas.

Sempre dê às plantas o espaço necessário; não ceda à tentação de superlotar seu vaso em condições de crescimento já tão limitadas. Mantenha a rotina de irrigação, mas não exagere: encharcar a planta também pode ser problemático. Lembre-se de fertilizar suas culturas uma vez por semana durante o período de crescimento. Uma camada de cobertura morta de 5 cm ajudará suas plantas a crescerem saudáveis e fortes.

Lesmas e caracóis podem destruir sementes e plantas jovens, por isso certifique-se de sempre protegê-las.

Uma vez dominadas essas práticas de manejo, use outras medidas de prevenção para proteger suas plantas. Barreiras de detenção, como redes e mantas, fazem uma diferença enorme. Procure também livrar-se de insetos invasores como lagartas, afídeos, lesmas e caracóis tão logo os veja. Para deter esquilos e ratos, coloque uma tela hexagonal de galinheiro ou plantas de folhas espinhosas, como o azevinho, sobre os recipientes de sementes recém-plantadas ou de plantas que acabaram de germinar. Há no mercado alguns tratamentos químicos, mas, como podem ser prejudiciais ao ecossistema da horta, nunca aplique esses produtos durante a floração. Preste atenção às instruções de uso dos pesticidas, principalmente no período que precisa ser respeitado entre o tratamento e a colheita da planta.

É impossível – portanto, irrelevante – tentar se livrar de todos os problemas com pragas e doenças do jardim; elas são uma parte inevitável e necessária do ecossistema. Felizmente, os maiores culpados que você encontrará são razoavelmente previsíveis, então seja vigilante, encontre-os logo e tente manter sua quantidade e os prejuízos por eles causados em um patamar mínimo.

Lesmas e caracóis definitivamente serão os maiores causadores de problemas. A melhor maneira de se defender deles é tentar de tudo. Mantenha a atenção nesses moluscos, e caso estejam saindo do controle, uma ronda de catação ao cair da noite pode fazer milagres. Iscas granulares à base de fosfato férrico, es-

À direita: Cobrir o substrato ao redor de plantas e mudas vulneráveis com uma grossa camada de pedriscos pontiagudos ajuda na batalha contra lesmas e caracóis.

> **Controle de lesmas e caracóis**
>
> - **Fita de cobre**: dá um choque elétrico em lesmas e caracóis e é ideal quando usada em volta da borda de cada vaso; ou tente untar cada borda com vaselina.
> - **Iscas de cerveja**: enterre um velho pote de geleia ou de iogurte no substrato e encha-o de cerveja.
> - **Nematoides**: são predadores naturais que podem chegar ao composto pela água quando as temperaturas estão acima de 5 °C.
> - **Pedriscos, pedregulhos, cascas de ovo e conchas trituradas**: espalhe uma grossa camada de qualquer matéria pontiaguda e arenosa no lado interno da borda do vaso, entre as fileiras de mudas, ou como cobertura morta.
> - **Casca de cítricos**: coloque pedaços de casca de laranja e pomelo, virados para cima, sobre a superfície do substrato ao redor das plantas vulneráveis. Cheque todas as manhãs e descarte as lesmas.

palhadas discretamente ao redor das plantas vulneráveis, são uma forma eficiente de controle; outros tipos de pastilhas são mais tóxicos para crianças, animais domésticos e vida silvestre. Mais ideias podem ser encontradas na lista de conferência (veja o box acima). Se você usar armadilhas, livre-se de seus prisioneiros dissolvendo-os em água salgada, cortando-os ao meio com uma tesoura de poda ou jogando-os em um saco dentro da lata de lixo.

Oídio é um fungo branco que aparece nas duas faces da folha em climas secos. Seu aparecimento é mais grave quando há pouca circulação de ar entre as plantas, por isso não encha demais os vasos. Cobertura morta e rega regular reduzem o estresse. Procure cultivares resistentes em catálogos de semente.

Afídeos, entre eles o pulgão-preto e o pulgão-verde, adoram plantas tenras e jovens, portanto são um problema principalmente na primavera, embora possam ser encontrados até o fim do verão. Eles não matarão suas plantas, mas podem enfraquecê-las e também espalhar vírus e outras doenças. Como as joaninhas, a mosca-da-flor e os bicho-lixeiros são os predadores naturais dessas pragas, por isso cultive-os em seu jardim. Afídeos podem ser eliminados esfregando a planta

Retire imediatamente os caracóis que encontrar. Isso é mais eficiente durante a noite, quando eles estão em plena atividade.

Atrair insetos benéficos, como joaninhas, moscas-da-flor e bicho-lixeiros, ajudará a reduzir os afídeos de suas plantas.

com a mão, o que é eficiente quando se tem poucas plantas afetadas. Também é possível arrancá-los da planta com soluções de sabão inseticida e água.

Requeima é a doença mais temida pela maioria dos horticultores. Causada por um fungo anemófilo, comum em condições úmidas e quentes do fim do verão, atinge tomates e batatas, podendo acometer a planta inteira e destruir rapidamente a cultura. Os sintomas são manchas de cor marrom-escuro nas folhas e no caule, as quais se espalharão para as frutas ou tubérculos, deixando a planta inteira escura e com aspecto oleoso. Identifique e remova folhas infectadas imediatamente, embora seja apenas uma questão de tempo para que a doença se espalhe. Corte as hastes da batata bem rente ao solo, cruzando os dedos para que o fungo não tenha atingido os tubérculos, e espere algumas semanas para tirá-las da terra, permitindo que a casca engrosse. Colha todos os tomates, maduros ou não, tão logo veja sinais da requeima. Não prepare composto com plantas contaminadas; coloque-as em sacos e jogue-as no lixo. Variedades resistentes podem ser encontradas no mercado, por exemplo: o cultivar da batata BRS Clara e o cultivar do tomate Iron Lady.

Lagartas de borboleta-da-couve adoram todas as brássicas, como repolhos e rabanetes. Portanto, se você estiver cultivando essas plantas, é melhor protegê-las com rede. Se borboletas sobrevoarem seus vasos, procure os ovos e destrua-os. A lagarta se alimentará da folha do fim da primavera até o outono.

Besouros adoram hortaliças da família do alecrim e também lavanda e sálvia. Os adultos se alimentam no fim do verão, e as larvas podem ser encontradas na parte inferior das plantas do outono à primavera. Com leves batidas nas folhas, derrube-os sobre jornais espalhados em volta de seus vasos ou cate-os com a mão.

Besouros-saltadores são um problema em todas as culturas de brássicas jovens, entre elas rabanetes, verduras orientais, repolhos e rúcula. Eles salpicam as folhas com buracos e o estrago costuma ser pior em climas quentes e secos. A invasão pode ser evitada plantando-se em vasos altos, que esses insetos voado-

A partir de meados do verão, e especialmente depois de chuvas, procure sinais indicadores da requeima.

Lagartas da couve podem destruir sua cultura, a menos que você cubra as plantas com uma rede para impedir que as borboletas depositem os ovos nas folhas.

res não conseguem alcançar, ou cobrindo mudas com redes, mantendo-os, assim, longe. Se as plantas forem atacadas, pinte um pedaço de papelão com algo grudento, como melaço ou xarope, e balance-o perto das folhas – os besouros sairão delas e se grudarão no papelão, que deverá ser descartado.

TÉCNICAS E FERRAMENTAS   35

Seguindo alguns passos simples e colocando em prática alguns princípios de cultivo, até mesmo horticultores experientes ficarão surpresos com a quantidade de produtos que é possível colher de uma área tão pequena.

Horta de um metro quadrado o ano inteiro

Cultivar suas próprias hortaliças não é uma questão de espaço. É perfeitamente possível se concentrar em uma jardineira de apenas um metro quadrado e, com um cultivo intensivo e uso constante de todo o espaço, obter uma produção fantástica com o mínimo esforço.

Com base no *Square Foot Gardening*, sistema de cultivo intensivo dos Estados Unidos, a ideia é usar áreas pequenas de terra para o plantio intensivo de hortaliças, o que é ideal para recipientes maiores ou canteiros – não necessariamente com um metro quadrado exato. Ao plantar culturas mais próximas umas das outras, repondo-as imediatamente por hortaliças diferentes após serem colhidas, obtém-se máxima produtividade em tempo e espaço menores. O manejo é mais rápido e mais fácil que em uma área grande, e a densidade de plantas funcionará como uma cobertura vegetal viva, ajudando a retenção de água e dificultando o aparecimento de ervas daninhas.

É possível plantar praticamente tudo, como uma seleção de culturas intercalares de folhas verdes (por exemplo, *bok choy*, alfaces, espinafre), beterraba, cenoura, cebolinha e rabanete, com abobrinhas, uma fileira de feijões e um pé de tomate, dentro de um canteiro de 1 m × 1 m.

TÉCNICAS E FERRAMENTAS

Você precisará de um pedaço de terra para esse projeto, assim como espaço suficiente à sua volta para conseguir semear, arrancar as ervas daninhas, aguar e colher em toda a horta, sem precisar caminhar sobre o solo.

O canteiro deve ficar em um lugar ensolarado para que receba o máximo de luz. Preencha-o com a melhor terra que conseguir, e incorpore nela muito substrato caseiro ou matéria orgânica curtida. Também é interessante acrescentar fertilizante de liberação lenta, para propiciar às suas plantas o melhor começo possível. Depois dessa preparação inicial, não se deve mais revolver a terra, auxiliando, assim, na preservação da estrutura do solo, o que também acarretará menos trabalho.

Espaçamento e semeadura

As sementes devem ser plantadas já nos lugares definitivos, para não se perder tempo posteriormente com desbaste. Deve-se também plantar no canteiro dividido em quadrados, não em linhas, com espaços iguais entre as plantas individuais, pois desse modo elas podem crescer mais próximas do que o normal. Quando estiver usando variedades miniaturas ou de pequeno porte, é possível plantar ainda mais junto e obter uma produtividade melhor, mesmo que de tamanho menor algumas vezes. O número de plantas em cada quadrado dependerá da cultura, e algumas podem ocupar mais que um quadrado. Por exemplo, pode-se cultivar dezesseis beterrabas ou cenouras, seis pés de espinafre ou dois pés de feijão, mas apenas algumas abobrinhas. Alguns vegetais maiores, como as abobrinhas, acabarão por ocupar mais que um quadrado, mas no meio tempo use os quadrados em volta para cultivar plantas de crescimento rápido, como rabanetes ou folhas verdes.

Comece a plantar na primavera, ocupando cada quadrado com culturas precoces e de crescimento rápido, que podem ser colhidas a tempo de se ter uma segunda semeadura, quando é seguro semear plantas mais delicadas, como as abobrinhas. Otimize o espaço cultivando plantas que trepam em suportes: feijões, ervilhas, tomates, abóbora, abóbora-moranga, pepinos, e mesmo alguns tipos de abobrinhas – todas crescem verticalmente. Apenas se certifique de que não sombreiem o resto da plantação. Se houver espaço, acrescente algumas culturas associadas (veja p. 27).

Otimização de uso

Uma vez colhida uma cultura, limpe-a totalmente do canteiro, misture composto novo ou esterco ao solo e espalhe fertilizante de liberação lenta sobre o quadrado. Em seguida, semeie outra cultura. Isso otimiza a utilização de cada espaço e não deixa nenhum pedaço de terra ocioso, além de acarretar a constante renovação da terra.

Checklist do canteiro de 1 m²

- Essa técnica é viável para quase todas as culturas. No entanto nunca esqueça que algumas delas, como as cebolas, ficam na terra por um bom tempo, e outras, como as brássicas, ocupam bastante espaço.
- Plante hortaliças arbustivas, como pimentões e pimentas e alguns tipos de abobrinhas, nos cantos dos canteiros; assim eles não ocupam todo o quadrado.
- Embora o canteiro demande atenção constante, a manutenção é simples. Quando se cuida de um quadrado por vez, trabalha-se minutos em vez de horas, e o cultivo intensivo cria um microclima que conserva a umidade e minimiza as ervas daninhas, acarretando menos trabalho ainda.
- Acrescente substrato caseiro e fertilizante de liberação lenta a cada colheita; isso melhorará o solo ao longo da estação.
- Prolongar a estação de crescimento é fácil. Antes de semear o canteiro, aqueça-o, cobrindo-o por inteiro com plástico preto no começo da primavera, ou colocando campânulas de vidro nos quadrados necessários. Nas culturas tardias, coloque uma manta para protegê-las de baixas temperaturas.

Como plantar a horta de um metro quadrado

Material necessário
- Canteiro de 1 m × 1 m;
- Terra de jardim ou substrato à base de argila;
- Substrato caseiro;
- Fita métrica;
- Martelo, pregos;
- Barbante;
- Variedade de sementes (veja p. 36);
- Varetas de bambu;
- Tomateiros verticais.

1 Encha o canteiro com uma mistura de dois terços de terra de jardim e um terço de substrato caseiro. Em seguida, meça com a fita métrica e coloque pregos a cada 25 cm na borda do canteiro.

2 Estique o barbante amarrando-o na ponta de cada prego, sobre o canteiro, formando uma grade com 16 quadrados. Em seguida, regue o canteiro usando uma mangueira com esguicho ou um regador com crivo. Agora ele está pronto para a semeadura.

6 Colha sua produção quando estiver pronta. Assim que um quadrado ficar vazio, coloque nele uma pá de jardim cheia de substrato caseiro novo e um pouco de fertilizante de liberação lenta e semeie novamente. Esses rabanetes foram colhidos várias vezes antes de ceder espaço para a abobrinha.

7 Depois das geadas, semeie outras culturas mais sensíveis. Reserve quatro quadrados numa extremidade para uma única abobrinha, semeando-a num quadrado de canto para dar à planta mais espaço para se espalhar. Essa é uma variedade que se desenvolveu muito bem nessa situação.

8 Faça uma estrutura com varetas de bambu para os feijões e semeie uma fileira ao longo de três quadrados no fundo do canteiro, deixando o quarto para o tomate de crescimento vertical.

38 TÉCNICAS E FERRAMENTAS

TÉCNICAS E FERRAMENTAS

3 Estabeleça onde cada cultura será plantada e o número adequado de sementes – cada quadrado pode receber de uma a dezesseis sementes, dependendo da planta. Certifique-se de que cada semente seja igualmente distribuída dentro daquele quadrado.

4 Regue bem as sementes. Um regador com crivo é perfeito para isso porque permite concentrar a água em um quadrado por vez.

5 Se lesmas e caracóis forem um problema (veja p. 32), pregue uma tira de fita de cobre em volta da borda do canteiro. Eles detestam encostar nessa fita e provavelmente deixarão suas preciosas plantas em paz. Nutra as plantas e regue-as com regularidade.

9 Plante o tomateiro e amarre-o à vareta de suporte. Durante o verão, refaça a amarração e arranque os brotos laterais sempre que necessário.

10 Você pode acrescentar algumas culturas associadas nos cantos e ao redor do tomateiro. Isso ajudará a atrair insetos polinizadores para as plantas em flor e joaninhas para se alimentar de pragas como os afídeos, que podem destruir a plantação.

11 Colha as hortaliças sempre que estiverem prontas. Dependendo da planta, você pode renovar o composto e ressemear durante o verão, estendendo a colheita até as primeiras geadas.

Maçãs

Graças aos porta-enxertos anões, as macieiras se desenvolvem muito bem em vasos, ficando doces e crocantes. Como há inúmeras variedades, a primeira coisa a fazer é decidir se quer maçãs para comer ou usar na cozinha – se tiver espaço, por que não experimentar as duas? Mas escolha variedades que floresçam simultaneamente para que uma polinize a outra. Se quiser cultivar apenas uma árvore, escolha uma que seja autógama (que se autofecunde), ou que tenha mais de uma variedade enxertada no tronco – ela produzirá uma maçã diferente em cada galho principal.

Requisitos básicos
Use um vaso de 45 cm a 50 cm de diâmetro contendo substrato à base de argila misturado a pedriscos. Barris pequenos são boas escolhas.

Técnicas de plantio
1 Procure cultivares desenvolvidos especialmente para vasos e transplantados nos porta-enxertos M26 ou M9 (veja p. 44).

2 Plante árvores de raízes nuas na estação dormente, entre o outono e o fim do inverno; culturas de vaso podem ser plantadas a qualquer hora. Regue bem e coloque-as num lugar quente e abrigado.

3 Coloque na cova um estimulante de raízes ou um fertilizante à base de sangue, peixe ou osso. Amarre a árvore a uma estaca (veja p. 44-45). Em seguida, cubra com cobertura morta.

4 Não descuide da irrigação, principalmente durante períodos de estiagem e quando a fruta começar a ganhar volume.

5 Da primavera em diante, nutra a planta a cada 15 dias com fertilizante líquido.

Quando há falta de espaço, a macieira pode ser conduzida em um único cordão vertical.

Para cultivar maçãs em uma região propensa a geadas, escolha variedades de floração tardia, evitando estragos causados por baixas temperaturas.

6 No inverno, faça adubação de cobertura com esterco.

Resolução de problemas
Macieiras são suscetíveis à mariposa-da-maçã, uma das pragas mais maléficas para a maçã no mundo. Também podem apresentar doenças causadas por fungos, como a sarna da macieira, em que o estrago se atém à casca e pode ser retirado. Algumas variedades são resistentes a esse fungo. Verões úmidos causam podridão-parda; descarte frutas infectadas se as encontrar. Uma irrigação errática pode causar pequenas manchas amargas na fruta que, felizmente, ainda pode ser consumida.

Colheita e armazenamento
Um bom sinal de que as frutas estão maduras é quando começam a cair no chão por causa do vento. Para colher uma maçã, segure-a por baixo e gire-a – não há necessidade de puxar. Variedades diferentes

amadurem em épocas diferentes, mas quando se escolhe as árvores com cuidado, é possível colher por um longo período. Variedades precoces amadurecem em meados do verão e precisam ser consumidas rapidamente, uma vez que não se conservam muito bem. Outras são colhidas em meados do outono e podem ser estocadas em um local frio. Não deixe que as maçãs se encostem e sempre verifique se estão estragando ou apodrecendo. Maçãs também podem ser congeladas, transformadas em purê ou desidratadas lentamente no forno antes de serem armazenadas.

ESPÉCIE *Malus domestica* L.

Dicas práticas

- Plante uma árvore de vaso na mesma profundidade em que ela estava plantada antes. Caso seja uma árvore de raiz nua, procure a marca de terra no caule (veja p. 45).
- Transplante para outro vaso todos os anos no outono, cortando as raízes grossas. Quando estiver no vaso definitivo, renove o substrato todos os anos e pode a raiz em anos alternados.
- A menos que escolha uma variedade que faça autopolinização ou uma árvore com vários enxertos, você precisará plantar mais que uma árvore. Como são agrupadas de acordo com a polinização, cultive aquelas de um mesmo grupo ou de um grupo vizinho. Antes de comprar, peça orientação em um viveiro especializado.
- As árvores conduzidas como minaretes são ideais para o cultivo em recipientes, ocupam pouco espaço e precisam de pouquíssima poda. É mais simples comprar uma árvore que já tenha a formação conduzida; se necessário, o ramo principal pode ser reduzido na primavera, e novos galhos laterais podados de novo no verão, até que fiquem com três folhas. Desbaste os ramos quando a árvore estiver em dormência no inverno, para conservar a estrutura de formação e manter uma estrutura de galho aberto.

Maçãs de crescimento precoce podem ser consumidas logo que colhidas, enquanto as variedades tardias se beneficiam do armazenamento.

Colheita da macieira

As macieiras são frutíferas muito populares e, quando no porta-enxerto certo, vicejarão em vaso. Um simples cordão vertical tem uma aparência maravilhosa quando carregado de frutos suculentos e doces, e ocupa tão pouco espaço que é ideal para pequenos quintais ou jardins. Há inúmeras variedades que podem ser escolhidas, mas opte por uma que não seja encontrada facilmente no mercado ou que seja própria da sua região.

Quando for escolher qualquer frutífera, é importante levar em conta o tipo de porta-enxerto, ainda mais quando se cultiva em vaso. Você precisa de um porta-enxerto M26 ou M9. Não escolha porta-enxertos anões, pois cultivá-los em vaso coloca-os sob mais estresse ainda. Em seguida, é preciso decidir qual variedade de maçã plantar (veja p. 43). Isso pode ser um pouco difícil quando se quer apenas uma árvore, já que, nesse caso, ela terá de ser autógama (veja p. 42).

Plantas de raízes nuas e aquelas cultivadas em vasos podem ser plantadas em diferentes épocas do ano (veja p. 42). Coloque-as em um lugar ensolarado e protegido, assim as frutas terão maiores chances de se desenvolver e amadurecer.

Amarrar a árvore em estacas ajudará a ancorar as raízes, impedindo que caia com o vento. Use uma com apenas um terço da altura da árvore, para que o caule ainda possa balançar com o vento e gradualmente engrossar. Posicione a estaca de modo que a corrente de vento empurre a árvore para longe dela. Certifique-se de que ela esteja bem firme no substrato, ou não vai segurar a árvore. Cheque sempre o fitilho e não o deixe muito apertado, afrouxando-o à medida que o tronco se expande.

Em clima seco e quando a maçã começar a aumentar de tamanho, mantenha a árvore bem irrigada. Na primavera, uma boa cobertura morta, ou adubação de cobertura com substrato caseiro ou esterco curtido, ajudará a reter a umidade. Regue a planta regularmente com um fertilizante líquido.

Uma macieira é um investimento para o futuro. Ainda que demore um pouco para que atinja uma boa produtividade, valerá a pena esperar.

FRUTAS

Como plantar uma macieira

Material necessário
- Macieira de raiz nua;
- Vaso de barro com pelo menos 40 cm de largura e de profundidade;
- Pedriscos para horticultura;
- Substrato à base de argila;
- Fertilizante (veja p. 15);
- Estaca e fitilho.

1 Desembrulhe a macieira o mais rápido possível e coloque-a em um balde com água; assim as raízes não ressecarão. Ao transplantá-la para o vaso, examine a árvore com cuidado e encontre o local do enxerto – o ponto inchado, onde a variedade foi unida ao porta-enxerto. Depois de plantada, esse ponto deve ficar bem acima da superfície do substrato.

2 Coloque uma camada de material de drenagem no fundo do vaso e encha-o pela metade com substrato. Misture um pouco de fertilizante e coloque a árvore por cima. Insira com cuidado a estaca entre as raízes, para depois completar com o substrato, assentando-o ao longo do processo, até que a árvore esteja firme e o ponto de união do enxerto fique acima do nível do solo.

3 Prenda a estaca à árvore com o fitilho, colocando um espaçador entre o caule e a estaca para impedir que se encostem.

4 Regue bem a planta e em seguida coloque cobertura de esterco curtido ou substrato caseiro. Complete com mais cobertura caso o nível abaixe depois da rega. Nutra e regue regularmente.

5 O clima quente vai estimular a floração da árvore. Se houver previsão de uma forte geada, proteja flores e frutos muito jovens para garantir que ainda tenha uma boa colheita.

FRUTAS 45

Peras

Embora sejam um pouco difíceis de cultivar, o sabor das peras produzidas em casa é muito superior ao daquelas de supermercado. Se tiver pouco espaço, tente uma pereira com mais de uma variedade enxertada no mesmo tronco, ou escolha uma das variedades autógamas, embora estas se desenvolvam ainda melhor quando cultivadas com variedades compatíveis. Sempre prefira o porta-enxerto anão da variedade *Pyrus calleryana* quando for plantar em vaso.

Requisitos básicos
Use um vaso de 45 cm a 50 cm de diâmetro contendo substrato à base de argila misturado a pedriscos.

Técnicas de plantio
1 Plante no outono e na mesma profundidade em que a planta estava no vaso anterior ou no solo.

2 Regue bem e em seguida coloque o vaso em um local ensolarado e protegido, bem longe de áreas frias.

3 Renove, na primavera, a última camada do substrato, espalhe um pouco de fertilizante de liberação lenta e cubra com esterco curtido. Mantenha a cobertura longe do tronco.

4 Aplique fertilizante líquido uma vez por semana durante o período de crescimento.

5 Regue profusamente em clima seco e à medida que as frutas aumentam de tamanho.

6 Pode todos os anos no inverno e no verão.

Dicas práticas
- Para uma produção precoce, compre uma árvore de 3 anos.
- A árvore pode ser conduzida no formato padrão de tronco liso e copa, em cordão ou em espaldeira. Pode as árvores de um só cordão reduzindo o ramo principal na primavera. No meio do verão, deixe os ramos laterais com três folhas, e no inverno raleie ramos frutíferos para que fiquem a 10 cm de distância um do outro.

A fim de otimizar o tamanho das frutas, raleie-as no verão, deixando duas ou três por penca.

Resolução de problemas
A resistência a doenças pode variar entre cultivares, mas mantenha sempre a atenção ao aparecimento da podridão-parda, especialmente em verões úmidos. Elimine a fruta infectada para impedir que a doença se alastre. O ácaro responsável pela requeima causa pústulas escuras com efeito meramente estético.

Colheita e armazenamento
As peras maduras são firmes e mudam levemente de cor. Basta erguê-las e girá-las de leve para soltá-las. Se colhidas cedo demais, não amadurecerão; se tarde demais, podem apodrecer e ter aspecto arenoso. Armazene-as em lugar escuro e fresco, até que amadureçam. Cultivares precoces demoram uma semana para amadurecer; os tardios, alguns meses.

ESPÉCIE *Pyrus comunnis*.

Figos

Figos são ideais para se plantar em vaso, pois adoram crescer sob controle. Com aparência maravilhosa e folhagens impressionantes, essa frutífera pode enfeitar um terraço ou uma varanda. Em regiões de clima temperado frio, escolha um dos cultivares mais resistentes para garantir que você tenha uma boa colheita.

Requisitos básicos
Use um vaso de 35 cm a 40 cm de diâmetro contendo substrato à base de argila, rico em nutrientes, misturado a pedriscos para uma boa drenagem.

Esse figo grande talvez amadureça durante o verão; os menores não vão amadurecer, tampouco conseguirão sobreviver no inverno. Os figos que resistem ao frio são minúsculos, e mesmo eles, às vezes, não se desenvolvem quando o frio é intenso demais.

Técnicas de plantio
1 Coloque a figueira perto de uma parede ensolarada para maximizar a disponibilidade de calor e luz.

Dicas práticas

- Arbustos abertos, no formato redondo *gobelet*, são os mais fáceis de cultivar em vasos.
- Antes que a planta comece a crescer na primavera, remova os galhos mortos e fracos. No verão, pode as ápices caulinares dos novos ramos, deixando cinco folhas por galho. Sempre use luvas durante a poda para proteger suas mãos da irritativa seiva leitosa dos ramos do figo.
- Regue com regularidade, especialmente no verão.
- Na primavera, renove os cinco primeiros centímetros do substrato.
- No fim do verão, pode haver frutos de vários tamanhos. Os maiores estarão prontos para serem colhidos, e os mais miúdos, na próxima safra. Colha os que amadurecerem nesse ínterim.

2 Irrigue bem, para que a terra nunca resseque.

3 Cubra na primavera com matéria orgânica curtida. No verão, aplique fertilizante líquido todas as semanas.

4 Em regiões de clima frio, leve a figueira durante o inverno para um local sem geadas. Ou revista o vaso com plástico-bolha ou manta de horticultura.

5 A cada dois anos, transplante para outro vaso na primavera.

Resolução de problemas
Coloque rede nas plantas para protegê-las dos pássaros.

Colheita e armazenamento
Figos maduros são perfumados e macios, mas, quanto mais esperar, mais doces ficarão. Segure a fruta pelo talo e puxe-a levemente do caule. Consuma-a fresca ou seca lentamente no forno.

ESPÉCIE *Ficus carica*.

Cítricos

Todos os membros da família das frutas cítricas – limão-siciliano, limão-taiti, pomelo, laranja – são sensíveis à geada e precisam de temperaturas continuamente quentes. Em regiões de clima frio, cultive frutas cítricas em estufa. Opte por vasos leves de plástico, no lugar dos pesados vasos de barro, para facilitar nessa tarefa anual. Respeitar as condições de cultivo da planta é vital, mas fora isso, essas frutíferas não são difíceis de cultivar. São lindas árvores pequenas com flores perfumadas o ano inteiro. Colher seus próprios limões ou laranjas compensa qualquer esforço.

Requisitos básicos

Escolha um vaso com 50 cm ou mais de diâmetro para uma planta de 2 a 3 anos de idade. Misture 20% de pedrisco, ou areia para construção, a um substrato à base de argila, ou específico para cítricos. Use composto à base de ericácea caso a água seja escassa na região ou se não conseguir irrigar com água da chuva.

Técnicas de plantio

1 Para que as plantas deem bons frutos, é essencial fornecer as condições corretas. Essas frutíferas precisam de uma estação longa, quente e úmida para crescerem, com pelo menos seis meses a 14 °C para que a fruta amadureça, e um inverno sem geadas, com temperaturas mínimas de 15 °C. As plantas entram em dormência sob temperaturas menores que essa; e se a temperatura for menor que 7 °C, elas poderão morrer.

2 Para aumentar as chances de frutificação, compre plantas maduras, porque os cítricos apresentam crescimento muito lento quando cultivados a partir da muda ou da semente.

3 Plante as árvores na primavera.

4 Regue bem, mantendo o substrato úmido, uma vez que falta de água pode causar a queda da fruta. Se puder, capte água da chuva. No inverno, mantenha as plantas quase secas e, quando as temperaturas começarem a aumentar, regue primeiro com água

Em verões quentes e secos, pulverize água durante e após a floração para aumentar a umidade.

Entre as inúmeras variedades, os cítricos podem florir o ano inteiro. A fruta demora até um ano para madurar.

FRUTAS

Dicas práticas

- Os cítricos quase não precisam de poda, especialmente as variedades anãs de vaso. Remova os brotos abaixo do ponto de união da enxertia no caule principal e, no verão, corte as pontas para um crescimento vigoroso. No fim do inverno, desbaste galhos muito lotados de frutas e pode um terço dos galhos compridos. Tome cuidado com os espinhos.
- Coloque os vasos sobre pratos de seixo molhado para aumentar o nível de umidade. Pulverizar água nas folhas no verão também ajuda.
- Quanto mais quente a temperatura, mais saborosa será a fruta.

morna para estimular a floração. Drene o excesso de água para evitar encharcamento da planta.

5 Na primavera, renove a camada superior de 5 cm do substrato. A cada três ou quatro anos, transplante para outro vaso na primavera, quando as raízes estiverem enoveladas.

6 Cítricos são frutíferas famintas, portanto, nutra-as ao longo do ano. Do começo da primavera até meados do outono, dê às plantas fertilizantes ricos em nitrogênio e, em seguida, uma dieta invernal balanceada. É possível também encontrar no mercado fertilizantes específicos para cítricos.

Resolução de problemas

A maioria dos problemas, como queda e perda precoce de flores, folhas amarelas ou queda de folhas, é consequência de condições incorretas de cultivo. Pouca luz, água, umidade ou nutrientes, assim como temperaturas baixas demais podem causar problemas. Tome cuidado para não irrigar em excesso no inverno, evite oscilação de temperaturas e mantenha o nível de umidade alto.

Colheita e armazenamento

Os frutos podem ser colhidos quando estiverem maduros ou deixados no pé. Corte com a tesoura de poda, deixando um talo curto. Frutas não danificadas

Cítricos cultivados em vasos devem ficar em um lugar quente e ensolarado. Em regiões de clima frio, devem ser movidos para um abrigo durante o inverno.

podem ser armazenadas em um lugar fresco e seco por várias semanas e podem ser usadas no preparo de geleias ou compotas.

ESPÉCIES tangerina: *Citrus reticulata*; pomelo: *C. x paradisi*; limão siciliano: *C. x meyeri, C. limon*; laranja: *C. sinensis*; lima: *C. aurantiifolia*; satsuma: *C. reticulata unshiu*.

Cerejas

Cerejeiras são belíssimas. Carregadas de flores na primavera ou de frutos no verão, elas geralmente terminam a estação com cores vibrantes. Há dois tipos de cerejas: doce e azeda. A doce é melhor se consumida fresca; já a azeda precisa ser cozida antes. Todas as cerejeiras azedas são autógamas, mas algumas do tipo doce, não. Nesse caso, peça orientação em um viveiro especializado para comprar variedades que façam a polinização cruzada. Escolha porta-enxertos anões para conservar a árvore em uma altura adequada para o manejo – entre 2 e 3 m de altura. Mahaleb é o porta-enxerto ideal para cerejas doces cultivadas em vaso; já o Colt é o ideal para a azeda, de crescimento menos vigoroso. Cultive-a como arbusto ou leque.

Caso use uma manta para proteger as flores da cerejeira das geadas, não se esqueça de retirá-la durante o dia para as abelhas polinizadoras se aproximarem.

Requisitos básicos
Coloque as árvores em vasos grandes, com 60 cm ou mais de largura, cheios de substrato à base de argila.

Técnicas de plantio
1 Plantas de raiz nua ou envasadas devem ser plantadas entre o fim do outono e o começo da primavera. Cerejas doces precisam de muito sol; cerejas azedas toleram melhor a sombra.

2 Cerejeiras possuem raízes rasas e ressecam rapidamente em vasos, portanto, regue bem. A irrigação também é muito importante quando a planta estiver em frutificação e durante períodos secos.

3 Renove a última camada do substrato todas as primaveras, utilizando um fertilizante balanceado de liberação lenta. No verão, nutra com fertilizante líquido.

4 Proteja as flores e os frutos das geadas com mantas; retire a proteção assim que possível para permitir que insetos polinizadores se aproximem.

Resolução de problemas
O cancro bacteriano, que causa pontos marrons nas folhas e a morte progressiva dos galhos, pode matar a árvore inteira; por isso, corte fora todo galho afetado e, no fim do verão, use um fungicida à base de cobre. Pode a planta no verão para evitar a doença da folha prateada. Use rede para proteger as frutas maduras dos pássaros.

Colheita e armazenamento
A partir de meados do verão, colha as cerejas pelo talo. Cerejas doces são melhores frescas, mas podem ser conservadas na geladeira por uma semana. Cerejas azedas precisam ser cozidas antes. Essas frutas também podem ser congeladas inteiras (retirando primeiro o caroço), ou na forma de purê.

ESPÉCIES azeda: *Prunus cerasus*; doce: *P. avium*.

Dicas práticas
- Cerejas doces dão em galhos de 1 e 2 anos de idade. Reduza o tamanho de novos brotos no verão para estimular a frutificação.
- Cerejas azedas dão nos galhos formados do ano anterior. Pode os brotos no verão para evitar a superlotação e estimular o novo crescimento.

Pêssegos

O sabor do pêssego produzido em casa é muito diferente de qualquer outro, mas isso requer um pouco de empenho, especialmente em regiões de clima temperado frio. Pessegueiros são árvores robustas, mas suas flores, não. Escolha variedades geneticamente ananizantes e compactas. Esses são mais fáceis de cuidar.

Requisitos básicos
Comece com um vaso de 20 cm de diâmetro contendo substrato à base de argila misturado a pedriscos.

Técnicas de plantio
1 Plante a árvore de raiz nua ou cultivada em vaso no outono. Coloque-a perto de uma parede quente, ensolarada e abrigada. Regue muito bem.

2 Quando surgirem florescências, nutra com fertilizante líquido a cada duas semanas. Regue regularmente.

3 Dê espaço para as frutas se desenvolverem, raleando-as até que fiquem a 5 cm umas das outras.

4 Na primavera, renove o substrato e coloque cobertura vegetal.

5 Transplante para vasos maiores em anos alternados. Um vaso definitivo de 40 cm de diâmetro deve bastar.

Resolução de problemas
A crespeira é uma doença fúngica que deforma as folhas e as cobre de pústulas rosa-forte. O fungo se propaga por meio dos respingos da chuva, então cubra os vasos entre meados do inverno e fim da primavera. A cultivar Avalon Pride é conhecida por ser resistente a essa doença.

Em regiões frias, cubra a florada do pessegueiro com manta para protegê-la de geadas.

Nem todos os pêssegos amadurecem de uma só vez, então cheque sempre a árvore para colher os frutos que já estiverem maduros.

Colheita e armazenamento
O fruto estará maduro quando perfumado e macio; colha com regularidade. Consuma o fruto fresco ou transforme-o em geleia ou *chutney*.

ESPÉCIES *Prunus pérsica* e *P. armeniaca*.

Dicas práticas

- Se for plantar em região fria de clima temperado, escolha cultivares de floração tardia.
- Use manta para proteger as flores de geadas durante a noite, mas retire a coberta durante o dia para que polinizadores tenham acesso à planta.
- Aumente o potencial de frutificação polinizando as plantas com um pincel macio.
- Pessegueiros florescem no ano anterior ao crescimento, portanto, precisam de poda de renovação. Remova velhos brotos para reduzir o crescimento dos botões. Variedades de pequeno porte precisam de pouca poda.
- Para evitar que ocorram as doenças da folha prateada e do cancro, pode na primavera ou no verão e apenas em dias secos e ensolarados.

Ameixas

Em regiões de inverno longo, as variedades Santa Rosa, América e Stanley se destacam. Existem muitas cultivares que são autógamas, mas você terá uma produção melhor se cultivar duas árvores do mesmo grupo polinizador ou similares. Conduza o crescimento em forma de arbusto, arvoreta ou em forma de leque, caso ainda não estejam nesses formatos.

Requisitos básicos
Use um vaso de 60 cm com vários furos de drenagem – ameixas detestam solo encharcado. Encha-o com substrato à base de argila misturado a areia grossa.

Técnicas de plantio
1 Plante a árvore de raízes nuas ou cultivada em vaso em meados de outono. Certifique-se de que seja enterrada no mesmo nível anterior. Regue bem.

2 Coloque o vaso em um local quente e ensolarado.

3 Como ameixeiras são árvores que requerem muita água, regue bem no primeiro ano de formação; regue também em períodos de seca.

4 Toda primavera, coloque no vaso matéria orgânica curtida como cobertura vegetal para reter a umidade. Nutra regularmente.

5 Ameixeiras são árvores de floração precoce, e embora sejam robustas, as flores não o são. Proteja as flores e frutas com manta em noites de geada, retirando-a para os polinizadores no dia seguinte.

6 Raleie as ameixas para que fiquem, quando pequenas, com um espaçamento de 7,5 cm entre si.

Resolução de problemas
Pode o mínimo necessário, na primavera ou em meados do verão, para evitar as doenças da folha prateada e do cancro. Vespas e pássaros podem ser uma praga, então proteja as árvores com redes e pendure armadilhas para as vespas. Os frutos podem ser atacados por lagartas da mariposa Grafolita ou da Mosca-das-frutas. Instale iscas de feromônio ou pulverize com pesticida contendo deltametrina ou lambda-cialotrina.

Dicas práticas
- Pode inicialmente para formar uma estrutura robusta de galhos abertos. Depois disso, pode apenas para remover galhos mortos ou estragados ou para retirar os brotos.
- Se tiver espaço apenas para uma árvore, ajude a polinização esfregando as flores com um pequeno pincel.

Colheita e armazenamento
Todas as frutas ficam mais saborosas se deixadas para maturar na árvore. A ameixa estará pronta quando colorida e emitindo um perfume doce e marcante; ou quando as frutas são derrubadas pelo vento. Coma-as frescas ou descaroce e congele-as inteiras ou na forma de purê. Prepare geleias, *chutney* e vinho.

ESPÉCIES *Prunus domestica*, *P. domestica insititia* e *P. domestica* ssp. *syriaca*.

As ameixas, quando maduras, apresentam uma fina camada aveludada e característica, que pode ser facilmente retirada com o dedo.

Azeitonas

Para algumas pessoas, as oliveiras lembram férias de verão e dias tranquilos. Ter sua própria árvore pode ser muito satisfatório, principalmente quando ela produz frutos. Essas plantas de crescimento lento apresentam excelentes qualidades decorativas e, em um lugar abrigado e quente, ou em uma região de clima temperado quente, podem produzir uma safra de azeitonas.

Requisitos básicos
Uma boa drenagem é vital, portanto, misture areia grossa ao substrato à base de argila. Coloque árvores jovens em vasos de 30 cm a 35 cm.

Técnicas de plantio
1 Plante árvores jovens no outono, em um lugar ensolarado e protegido – perto de um muro quente é o ideal. Estaqueie cada árvore e regue bastante.

2 Embora as oliveiras sejam tolerantes a períodos de estiagem, você precisa irrigar com regularidade, para que o substrato esteja úmido em períodos de seca.

Dicas práticas
- Oliveiras requerem pouca poda; apenas desbaste os galhos na primavera para manter o centro aberto e pode a ponta do ramo central todos os anos depois da floração para fortalecer a rebrota.
- Embora a maioria das oliveiras seja autógama, produzir mais de um cultivar ajuda na polinização e fornece uma produtividade mais confiável.
- Desbaste as árvores para que fiquem com três a quatro frutos a cada 30 cm, isso os faz amadurecer bem e evita sua queda prematura. Em regiões frias, proteja as raízes de geadas revestindo o vaso com manta, plástico-bolha ou palha. As árvores serão prejudicadas por temperaturas abaixo de –10 °C.

Com a plantação de mais de um cultivar de oliveira, é possível aumentar substancialmente a produtividade.

Reduza a rega durante o inverno, mas não deixe que o substrato resseque, o que inibe a floração mais tarde.

3 Durante o período de crescimento, coloque fertilizante líquido todos os meses.

Resolução de problemas
Exposição prolongada ao frio pode causar rachadura da casca, morte progressiva dos ramos e queda de folhas. Pode ser que a planta cresça novamente, mas a colheita e o crescimento serão afetados no inverno. Cochonilhas podem ser um problema superficial. Assim que encontrar alguma, tire-a da planta.

Colheita e armazenamento
As azeitonas podem ser colhidas quando firmes e escuras e consumidas cruas, mas não terão o mesmo sabor daquelas que encontramos em mercados, que são desidratadas em sal e conservadas em azeite de oliva ou salmoura.

ESPÉCIES *Olea europaea, O. europaea ssp. cuspidata, O. europaea sativa.*

Groselha-verde

A groselha-verde é uma fruta antiga, de sabor doce e penetrante. Suas árvores são robustas, fáceis de cuidar e autógamas, portanto, você pode plantar apenas um pé se o espaço for restrito. Podem ser encontrados na forma de arbusto, ou conduzidos na forma de cordões (em espaldeira) ou na forma padrão de tronco liso e copa, perfeitos para vasos porque, apesar de muito produtivos, ocupam pouco espaço.

Requisitos básicos
Para uma boa drenagem, misture substrato à base de argila com areia grossa em um vaso de 30 cm de profundidade ou mais.

Técnicas de plantio
1 Entre o fim do outono e o começo da primavera, plante a árvore com raiz nua ou conduzida em vaso, em um local protegido e ensolarado. As plantas frutificam bem menos na sombra.

2 Regue bem quando as frutas começarem a crescer e durante períodos muito secos.

3 Nutra a cada duas semanas a partir da primavera com fertilizante líquido.

4 Proteja as inflorescências de geadas com manta.

Resolução de problemas
Pouca circulação de ar pode causar a doença oídio (veja p. 34), embora possam ser encontradas variedades resistentes como a Invicta. A lagarta da mosca-das-frutas pode desfolhar as plantas a qualquer momento, por isso preste atenção a partir da primavera. Elimine todos os insetos dessa espécie que encontrar. Pássaros como o canário Dom Fafe adoram os botões, e os melros-pretos, as frutas doces; proteja a planta com rede caso eles sejam um problema.

Colheita e armazenamento
É melhor conduzir o raleio da groselha-verde no fim da primavera, quando as frutas ainda não estão muito maduras; colha algumas frutas e faça geleia. Colha o restante no verão. Use luvas – os espinhos são afiados.

ESPÉCIES *Ribes uva-crispa, R. uva crispa* var. *reclinatum*.

No fim da primavera, colha as primeiras frutas quando ainda não estiverem completamente maduras, e deixe o resto para colher depois, quando bem maduras.

Como os pássaros adoram groselha-verde, cubra as plantas com redes esticadas.

Dica prática
- Para o cultivo na forma de cordão com crescimento vertical, escolha um galho resistente e retire todos os brotos de seus últimos 15 cm. Em seguida, amarre-o a uma vareta. Deixe dois botões em cada broto restante. No verão seguinte, amarre outra vez o cordão e pode o que crescer do galho para que fique com cinco folhas. No inverno seguinte, diminua um terço do tamanho do cordão e deixe dois botões nos brotos restantes. Faça isso todos os anos.

Framboesas

Framboesas são deliciosamente fáceis de cultivar e requerem pouca manutenção. Algumas variedades frutificam no verão e outras no outono. Se tiver espaço, cultive um vaso de cada tipo e obtenha uma longa e deliciosa colheita.

Requisitos básicos
Três árvores conseguem se desenvolver muito bem em um mesmo vaso de 30 cm. Para uma boa drenagem, misture areia grossa a um rico substrato à base de argila.

Técnicas de plantio
1 Plante a árvore de raiz nua ou de vaso em meados do outono (veja p. 59). Enterre a planta de modo que a marca de terra dos ramos fique no nível do solo. Isso estimulará a produção de vários ramos novos.

2 Regue a planta e em seguida coloque-a em um local protegido e ensolarado.

3 Coloque cobertura morta para conservar a umidade.

4 Conduza o crescimento dos ramos com uma vara de bambu (veja p. 59), ou amarre barbante em volta deles para que não tombem.

5 No verão, regue e mantenha a planta bem nutrida.

Resolução de problemas
Framboesas são afetadas por doenças causadas por vírus e fungos. Evite a superlotação. A boa circulação de ar é vital. Manchas secas na fruta com larvas dentro são evidências de escaravelho-da-framboesa (*Byturus tomentosus*). Não há cura, mas variedades de outono são menos suscetíveis. Proteja as plantas com rede contra ataque de pássaros.

Os caules da framboesa de outono são cortados no fim do inverno e rebrotam na primavera.

Quando a framboesa está madura, ela se desprega facilmente da planta. Colha quando o tempo estiver seco.

Dicas práticas

- Corte ramos velhos de cultivares de verão depois da colheita (veja p. 59).
- Espere até o fim do inverno para podar os ramos de variedades de outono. Desbaste novos ramos no verão para impedir a superlotação.
- As plantas duram cerca de dez anos antes de se exaurirem; quando isso ocorrer, reponha com novos ramos ou com as brotações das raízes da própria planta.

Colheita e armazenamento
Quando pronta para se colher, a fruta deve sair facilmente da planta. Colha sempre para estimular a frutificação e evitar a perda de frutos por apodrecimento ou doenças. Consuma as frutas frescas ou congeladas, prepare geleias ou conservas com elas.

ESPÉCIE *Rubus idaeus*.

Framboesas perfeitas

Não é à toa que muitas pessoas cultivam framboesas em casa no Reino Unido – são fáceis de plantar, recompensadoras e deliciosas. Desenvolvem-se bem em vasos e são exuberantes quando carregadas de frutos.

Ao escolher uma árvore de framboesa, lembre-se de que há dois tipos – o de frutificação no outono e o de frutificação no verão.

Os galhos das variedades que frutificam no outono devem ser cortados no inverno, depois do fim da frutificação, e novos ramos vão brotar na primavera, dando frutos outra vez no outono. Os galhos de framboeseiras de verão não frutificarão antes de completarem cerca de 18 meses de formados.

Depois de compreendida essa rotina de poda, as framboeseiras são impressionantemente fáceis de cultivar, desde que sejam colocadas em um lugar protegido e ensolarado, alimentadas regularmente e tenham o substrato preservado com cobertura morta para ajudar na retenção de água.

No vaso, construa uma estrutura de varas de bambu para suportar o pé de framboesa, ou conduza o crescimento da planta em uma parede.

FRUTAS

Como plantar um pé de framboesa

Material necessário
- Três ou quatro ramos de framboesa, preferencialmente com a raiz nua;
- Balde de água;
- Vaso grande de 30 cm ou 40 cm de diâmetro;
- Substrato para uso geral;
- Material de drenagem (veja p. 15);
- Tesoura de poda;
- Varas de bambu e barbante.

1 Desembrulhe os ramos de raízes nuas, retirando todas as etiquetas e embalagens. Mergulhe-os na água por algumas horas para reidratá-los e para minimizar o estresse na hora do plantio. No fundo do vaso, coloque cacos ou pedriscos para drenagem e encha-o até três quartos com substrato.

2 Coloque três ramos em um vaso de 30 cm, ou quatro em um de 40 cm. Cubra no máximo até 8 cm das raízes com substrato. Regue bem e cubra com cobertura vegetal. Depois de plantar as framboeseiras que frutificam no verão, pode os ramos para que fiquem 20 cm acima do solo. Regue regularmente durante o período de crescimento.

3 Nas framboeseiras de verão, quando os novos brotos aparecerem na primavera, retire os galhos mais velhos. Insira no vaso um suporte de bambu e amarre a ele os novos ramos, que frutificarão dali a dois verões.

4 As flores das framboeseiras são autógamas e, na primavera, serão visitadas por abelhas e por outros insetos polinizadores. Estimule um desenvolvimento saudável ao nutrir as plantas todos os anos na primavera.

5 A fruta estará madura quando se despregar da planta deixando para trás o pedúnculo vazio. Colha sempre para estimular o desenvolvimento de mais frutas. Quando a frutificação chegar ao fim, corte todos os ramos velhos.

Mirtilos

Mirtilos são deliciosamente doces, com um sabor intenso, e tão nutritivos que são aclamados como um "superalimento". São plantas exuberantes, de vivas cores e lindas flores em forma de sino. Por serem exigentes – precisam de muito sol, de meio ácido, úmido e muito bem drenado –, os mirtilos são perfeitos para o cultivo em vaso, onde se tem total controle sobre suas condições. Dê a esses frutos as condições corretas e a planta irá vicejar.

Requisitos básicos
Use substrato de ericácea, que é ácido, misturado com areia grossa, para ajudar na drenagem (veja p. 63). Comece a plantar em vasos de 30 cm de diâmetro.

Técnicas de plantio
1 Plante árvores de raiz nua ou de vaso no outono ou no começo da primavera. Regue muito bem.

2 Coloque o vaso em um local protegido onde haja muito sol.

3 Mantenha o substrato úmido, mas não encharcado, e não o deixe ressecar. Se possível, regue com água da chuva no lugar da água alcalina de torneira, que aos poucos neutraliza o substrato e reduz a produção da planta. Se não for possível, faça adubação de cobertura com enxofre para manter o ambiente ácido.

4 Coloque cobertura vegetal no substrato com materiais de ericácea como cascas, folhas secas ou em decomposição ou carumas (agulhas de pinheiros) para conservar a umidade ao redor das raízes.

5 Nutra todas os meses, durante o período de crescimento, com um fertilizante menos alcalino.

6 Mirtilos não são muito robustos, não gostam da combinação frio e água. No inverno, cubra os vasos com juta ou palha para proteger as raízes do frio. Na primavera, proteja as flores de geadas tardias cobrindo-as com manta.

7 Transplante em anos alternados até chegar a um recipiente final de 40 cm a 50 cm, ou mais, de largura. Depois disso, transplante para um vaso com substrato novo a cada dois, três anos.

Resolução de problemas
Comparativamente, os mirtilos são menos problemáticos do que outras culturas, embora os pássaros sejam seus maiores inimigos. Proteja as plantas com rede se os pássaros estiverem muito vorazes (veja p. 63).

Mirtilos são plantas tão atraentes que chamam a atenção mesmo quando entre espécies ornamentais, como essa grama decorativa mexicana (*Stipa tenuissima*).

Mirtilos estão maduros quando azul-escuros e com uma nítida película aveludada.

Plantas de vaso são susceptíveis ao ataque de oídio (veja p. 34), que é um problema comum quando estão secas demais. Retire ramos infestados logo que os encontrar para que a doença não se espalhe. Para evitar que a doença ocorra, é preciso um bom sistema de rega. Cubra o substrato com cobertura vegetal e regue-o com regularidade para que esteja sempre úmido.

Colheita e armazenamento

O mirtilo estará pronto para ser colhido quando, a partir do verão, apresentar uma cor azul-escuro intensa. Colha os frutos várias vezes, pois eles amadurecem gradualmente. Consuma-os fresco, congele-os ou faça geleias e conservas.

ESPÉCIE *Vaccinium corymbosum*.

Dicas práticas

- Alguns cultivares de mirtilo são autógamos, mas costumam ser mais produtivos quando cultivados ao lado de dois parceiros para a fecundação cruzada. Três arbustos provavelmente darão uma produção bem generosa.

- Nos primeiros dois anos, não se preocupe com a poda; apenas mantenha a planta aberta e retire galhos mortos, estragados ou doentes. Depois disso, pode no inverno, quando as plantas estão dormentes. Retire um quarto dos brotos dominantes e cerca de metade dos mais fracos para estimular o crescimento mais forte.

- Coloque um prato sob cada vaso durante o período de crescimento para evitar que o substrato resseque e perca nutrientes. Retire-o no inverno, assim a planta não ficará encharcada.

Mirtilos irresistíveis

Mirtilos são plantas exigentes, que precisam de umidade, luz e solo ácido para prosperar. São, portanto, a cultura perfeita para um vaso, onde você pode lhes dar exatamente o que precisam. São também plantas muito bonitas, com flores exuberantes, folhas de cores outonais e frutos de dar água na boca. Sua aparência é maravilhosa.

Se for plantar apenas um pé de mirtilo, compre uma cultivar que fecundará sozinha, como o Bluecrop (veja p. 61). Mas se tiver espaço, vale a pena produzir mais que um para garantir uma boa colheita. Regue a planta antes de colocar o substrato específico de ericácea. Nunca use substrato comum para uso geral porque é alcalino demais e causaria a morte lenta da planta. Cubra com cobertura vegetal à base de acículas (folhas) de pinheiro ou cascas, que não vão interferir na acidez do solo. Coloque os mirtilos em um lugar protegido e ensolarado.

Mantenha a planta bem irrigada, com água da chuva, se possível, em vez de água da torneira (veja p. 60). Durante o período de crescimento, talvez seja útil colocar um prato sob o vaso (veja p. 61).

Se, no primeiro ano, você retirar os brotos do fruto à medida que se formam, terá uma produção bem maior a longo prazo. No segundo ano e nos anos subsequentes, depois de plantar, nutra as plantas com fertilizante para tomate assim que as flores começarem a surgir.

Lembre-se de que as bagas amadurecem em tempos diferentes, o que significa que você terá de checar e colher com regularidade para não perder nenhuma fruta.

Mirtilos são frutas deliciosas, geralmente aclamadas como um superalimento, mas nos supermercados elas são caras. Portanto, vale a pena cultivá-las em casa.

Como plantar um pé de mirtilo

Material necessário
- Vaso de barro de 30 cm ou mais de diâmetro;
- Material para drenagem (veja p. 15);
- Areia grossa de horticultura;
- Substrato de ericácea;
- Árvore jovem de mirtilo;
- Rede de proteção.

1 Revista a base do vaso com material de drenagem para ajudar a água a escoar livremente. Misture areia no substrato de ericácea (uma parte de pedrisco para duas de substrato).

2 Regue bem o mirtilo antes de plantá-lo e plante-o na mesma altura em que estava no vaso anterior. A coroa da planta deve ficar logo abaixo da superfície.

3 Regue bem e mantenha o substrato úmido enquanto a planta assenta no vaso. Lembre-se de usar água da chuva para a rega, porque é a preferida dos mirtilos, em vez da água de torneira. Em seguida, espalhe cobertura vegetal ao redor de cada planta. Regue e nutra com regularidade (veja p. 60).

4 Usando rede e varas, proteja os frutos de pássaros assim que os brotos frutíferos despontarem. Cubra completamente o pé, sem que a tela toque nos frutos, para que os pássaros não os apanhem com o bico.

5 Mirtilos gostam de calor; coloque-os no local mais ensolarado que puder, assim eles poderão prosperar e produzir muitas e deliciosas bagas. Se o vaso estiver em um lugar quente e ensolarado, tome cuidado com a irrigação. Colha sempre, porque os frutos amadurecem em tempos diferentes.

Groselhas

As groselheiras possuem flores ricas em néctar. Os frutos vermelhos e os brancos são bem azedos e usados principalmente para cozinhar; as árvores podem ser conduzidas em cordão, leque ou na forma padrão de tronco único e copa. O cassis, também chamado de groselha preta, é uma planta vigorosa e seu fruto tem uma adstringência adocicada.

Requisitos básicos
O cassis precisa de um vaso de 40 cm; a groselha vermelha e a branca podem ser plantadas em um de 30 cm. Use substrato à base de argila e areia grossa (veja p. 66).

Técnicas de plantio
1 No período de dormência, plante as variedades vermelha e branca na mesma altura em que estavam no vaso ou no chão. O cassis deve ser plantado um pouco mais fundo (veja p. 67). Regue bem.

2 As groselhas vermelha e branca toleram mais sombra que o cassis, embora todos produzam melhor ao sol.

3 Todas as variedades se beneficiam da cobertura morta na primavera e da rega nos períodos de seca. Nutra com fertilizante líquido no período de crescimento.

4 Transplante a cada dois ou três anos para um vaso de mesmo tamanho ou um pouco maior. Use substrato fresco e pode um terço das raízes.

Dicas práticas
- Realize a poda no começo da primavera. O cassis precisa ter um terço de seus galhos velhos removidos da base. Com outras variedades de groselha, realize a poda e deixe apenas os brotos saudáveis com o objetivo de conservar de oito a dez galhos bem espaçados.
- No inverno, erga os recipientes sobre tijolos, assim o excesso de água pode escoar livremente.

Resolução de problemas
Como os pássaros adoram groselhas, proteja as plantas (veja p. 67). Afídeos da groselha podem desfigurar a parte inferior das folhas; não descuide deles na primavera. Ácaros do cassis fazem com que brotos frutíferos inchem; descarte os brotos infectados e destrua plantas muito contaminadas.

Colheita e armazenamento
As groselhas podem parecer estar prontas antes de estarem de fato em seu melhor ponto. Colha os cachos e consuma-as frescas, cozidas ou na forma de geleias e compotas. Elas também podem ser congeladas.

ESPÉCIES preta: *Ribes nigrum* L.; vermelha e branca: *R. rubrum* L.

A groselha branca é um pouco menor e mais doce que a vermelha, mas pode ser consumida do mesmo jeito.

Para que fique mais doce, deixe a groselha vermelha um pouco mais no pé, mesmo que já pareça madura.

Quanto mais o cassis permanecer no pé, mais doce ficará.

Uvas

Mesmo quando a área é pequena, vale a pena dar uma chance às uvas. As videiras são atrativas, com suas belas folhas grandes, e podem ser induzidas a subirem um muro ou uma cerca, ou conduzidas na forma padrão, vertical, quando o espaço é realmente limitante. Em um local ensolarado, essas plantas logo darão frutos, e colher suas próprias uvas, seja para comer ou fazer suco e vinho, é uma bela maneira de marcar o fim da estação.

Requisitos básicos
Use substrato à base de argila com areia grossa em um vaso de 30 cm ou mais de largura (veja p. 69).

Técnicas de plantio
1 Plante entre o fim do outono e o fim da primavera (veja p. 68). Regue e cubra com cobertura morta. Coloque o vaso em um lugar bem ensolarado.

2 Quando surgirem minúsculos frutos, aplique fertilizante para tomate uma vez por semana.

3 Regue bem durante períodos de seca, especialmente no primeiro ano depois de plantar.

4 Nos primeiros dois anos, remova todas as flores; no terceiro ano, deixe apenas três cachos de uva na planta; no quarto ano, deixe cinco. Depois disso, elas podem florescer e frutificar livremente.

5 Toda primavera, renove os 15 primeiros centímetros do substrato.

Resolução de problema
Proteja com tela as frutas contra vespas e pássaros ou envolva cachos individuais com musselina ou meias-calças velhas. Crescimento de fungos nas folhas pode ser sinal da presença de oídio ou de míldio – o primeiro pode se espalhar para os galhos ou frutos (veja p. 34). Mofo cinzento pode afetar cachos em desenvolvimento. Certifique-se de que as videiras sejam irrigadas adequadamente para evitar esse problema, e faça a poda de brotos muito cheios.

Dicas práticas
- Pode no começo do inverno, deixando apenas um ou dois brotos no ramo, para um crescimento compacto.
- Conduza e desbaste brotos novos na primavera e no verão.
- Remova as folhas ao redor dos frutos, assim a luz do sol pode chegar à uva e amadurecê-la.

Colheita e armazenamento
Uvas estão maduras quando tenras, mas seu sabor é o melhor indicativo do momento certo da colheita. Entre o fim do verão e meados do outono, os cachos podem ser colhidos. Coma as uvas de mesa logo que tiradas do pé ou as armazene na geladeira por algumas semanas. Uvas viníferas podem ser consumidas *in natura*, mas ficam melhores em sucos ou vinhos.

ESPÉCIES *Vitis vinífera, V. vinifera x V. labrusca.*

Exponha as frutas novas à luz do sol retirando as folhas que possam retardar seu amadurecimento.

Cassis – "superfruta"

Essa fruta, muito apreciada há tempos, é riquíssima em vitamina C e cara nos mercados, portanto, cultivá-la é duplamente delicioso. A planta é de manejo simples e bastante produtiva – desde que você colha os frutos antes dos pássaros! Um recipiente decorativo e esmaltado acompanha bem a planta e é menos poroso que os vasos de barro, retendo a água por mais tempo. Uma vez colhido o fruto, use as folhas para preparar um delicioso chá.

Em um local ensolarado, plante pés de raízes nuas entre meados do outono e o inverno. O cassis é uma planta de crescimento vigoroso e precisa de um vaso maior que o das outras culturas (veja p. 64). Geralmente é cultivado como arbusto em vez de ser conduzido por algum sistema. Plante-o em substrato à base de argila misturado, na proporção 2:1, com areia grossa para ajudar na drenagem. O caule deve ficar enterrado, estimulando, assim, o desenvolvimento de vários brotos novos e resistentes a partir da base. Logo depois de plantar, corte fora alguns dos brotos; embora isso acarrete uma produção menor no primeiro ano, tornará a planta mais forte. Se plantar uma variedade de cassis em vaso em qualquer outra época do ano, espere até o começo da primavera e meados do outono para fazer essa poda.

O cassis exige bastantes nutrientes e água, portanto, forneça-lhe uma boa cobertura na primavera e o alimente e regue bem no período de crescimento.

Arbustos não precisam de poda no ano em que forem plantados. Portanto, no começo da primavera, corte um terço dos ramos velhos – eles são mais escuros – até quase o nível do solo. Isso estimula um hábito de crescimento aberto a partir da base, acarretando a produção de frutos no fim da estação. Transplante a cada dois ou três anos.

As folhas de cassis liberam um perfume característico quando esmagadas, o que é uma boa maneira de distinguir uma variedade da outra quando não estão em frutificação.

FRUTAS

Como plantar um pé de cassis de raiz nua

Material necessário
- Uma planta de raiz nua de cassis (veja p. 64); ■ Balde de água; ■ Material de drenagem (veja p. 15); ■ Vaso grande, ornamental, com 40 cm ou mais de diâmetro; ■ Substrato à base de argila; ■ Fertilizante de liberação lenta (veja p. 15); ■ Tesoura de poda; ■ Rede.

1 Mergulhe a planta de raiz nua em um balde com água assim que chegar em casa. Coloque uma camada de material de drenagem na base do vaso, e depois encha-o até a metade com substrato. Misture o fertilizante para ajudar na formação rápida de raízes e fornecer as melhores condições para a planta.

2 Plante o pé de cassis profundamente, de modo que a coroa fique a 8 cm da superfície do substrato, o que proporciona um crescimento vigoroso a partir da base. Acomode o substrato ao redor das raízes e, em seguida, complete o vaso com o restante, assentando-o bem. Regue bastante e adube o substrato se necessário.

3 Depois de plantar, corte com a tesoura alguns dos ramos para que fiquem com 3 cm de altura. Então coloque uma camada de cobertura vegetal. Regue e alimente a planta com regularidade.

4 No verão, proteja frutos novos dos pássaros usando telas. Estique bem a tela para que não consigam bicar os frutos nem fiquem presos sob ela.

5 Colha cultivares modernos do cassis cortando o cacho inteiro. Cultivares mais antigos amadurecem aos poucos, então as frutas devem ser colhidas individualmente.

Uvas na videira

Se você escolher a variedade de uva com cuidado (veja p. 65) e fornecer um lugar quente e ensolarado, é bem provável que seja recompensado com boas frutas. Cultive a planta na forma padrão, vertical, especialmente quando o espaço é pequeno. Invista em uma planta que já tenha sido conduzida, poupando tempo e aproximando-se mais de sua primeira colheita.

Uvas se desenvolvem bem em vasos. Em um grande, com 40 cm de largura e de profundidade, você pode colher de uma mesma planta durante anos. É aconselhável, no entanto, retirar todas as flores durante os dois primeiros anos (veja p. 65). Com a poda correta, a videira se torna uma planta bem atraente, de cores outonais magníficas. O ideal é plantar videiras crescidas em vaso no fim da primavera, quando o período de crescimento já começou, enquanto videiras de raiz nua podem ser plantadas em qualquer época entre o fim do outono e o começo da primavera. Uvas gostam de substratos bem drenados, mas não daqueles que ressecam rápido demais, então escolha um à base de argila e acrescente um pouco de areia grossa. Essas plantas precisam de muito sol para produzir o açúcar que torna seus frutos deliciosos, portanto, reserve o local mais quente e ensolarado para elas – de frente para uma parede bem iluminada é perfeito. O ideal é conservar as raízes frescas, por isso, coloque cobertura morta à base de cascalho ou insira no mesmo recipiente uma planta de crescimento lento, como o gerânio, para proteger da luz direta do sol. Agrupe a videira com outros vasos para que forneçam sombra uns aos outros.

Acima: Para evitar que o sol incida diretamente sobre a raiz da videira, insira no vaso uma planta, como esse gerânio; ele funcionará como uma cobertura vegetal e ajudará a manter o vaso fresco.

À esquerda: Regue e nutra com regularidade, e a videira de vaso produzirá cachos bonitos e suculentos em abundância.

FRUTAS

Como plantar uma videira

Material necessário
- Vaso de barro com 40 cm, ou mais, de largura e de profundidade;
- Material de drenagem (veja p. 15);
- Substrato à base de argila e areia grossa para horticultura;
- Fertilizante de liberação lenta (veja p. 15);
- Videira de condução padrão;
- Tela.

1 Forre a base do vaso com material de drenagem. Em seguida, encha-o até a metade com substrato.

2 Adicione um punhado de fertilizante com a colher de transplantio. Coloque a videira ainda no vaso original, sobre o substrato. Ajuste a profundidade, para se certificar de que a planta ficará na mesma profundidade anterior, se necessário.

3 Retire a videira do antigo vaso e coloque-a no centro do novo recipiente. Complete ao redor da raiz com o substrato e o assente bem. Em seguida, acrescente a planta de crescimento lento. Regue bem e cubra com cobertura morta.

4 Em verões secos, regue a planta regularmente (veja p. 65). Assim que surgirem pequenos cachos de fruto, nutra a videira fornecendo-lhe, todas as semanas, fertilizante rico em potássio.

5 Com cuidado para não arrancar os frutos novos, retire as folhas ao redor do cacho para que o sol chegue até ele. Proteja os frutos maduros dos pássaros usando rede. Colha quando o fruto estiver doce e açucarado (veja p. 65).

Morangos

O porte pequeno e o hábito rasteiro do morango tornam-no ideal para o cultivo em vasos ou cestas. Além disso, como os frutos ficam longe do chão, são mais fáceis de ser cuidados e colhidos e menos suscetíveis a lesmas e caracóis. Se você cultivar uma combinação de variedades, pode ter morangos doces e frescos do começo da primavera ao fim do outono. Essas variedades apresentam um período curto e intenso de produção, de duas a três semanas, e são agrupadas de acordo com a época de frutificação – no começo, em meados ou no fim do verão. Já os cultivares de dia neutro são diferentes: produzem pequenas quantidades de frutos continuamente do início do verão ao início do outono.

Requisitos básicos

Use um vaso, cesta pendente (veja p. 72-73), jardineira ou até mesmo saco de cultivo com 10 cm ou mais de profundidade. Em uma cesta de 35 cm de largura, seis plantas se desenvolvem bem; quatro ou cinco, em um saco, uma jardineira ou em um vaso de 20 cm de largura. Não plante muitas em um mesmo vaso. Encha cada recipiente com substrato de uso geral de boa qualidade.

Tome cuidado para plantar novos estolhos na profundidade correta, com a coroa nivelada ao solo.

Técnicas de plantio

1 No fim do verão e começo do outono, plante os morangos para que tenham tempo de enraizarem antes da chegada do inverno. Você também pode plantar no começo da primavera, mas não terá uma boa produção no primeiro ano. Certifique-se de nivelar a coroa ou colo da planta com a superfície do solo. Quando os morangos são plantados muito profundamente, eles apodrecem; se muito acima do solo, ressecam e morrem. Depois de plantar, regue bem.

2 Coloque as plantas em um local protegido e ensolarado.

3 Depois de plantar, regue bem e aplique um fertilizante rico em potássio. Morangos são plantas de raízes rasas e ressecam rapidamente, por isso regue pouco e sempre, mas sem encharcar.

Dicas práticas

- Cultive apenas variedades certificadas e sem vírus, de fornecedores confiáveis.
- Proteger as plantas com campânulas ou manta no começo da primavera estimula a floração e a consequente frutificação, uma semana antes do esperado. Retire a proteção durante o dia para que as flores atraiam os insetos polinizadores.
- Se estiver cultivando em um local com muito vento, ou se quiser garantir uma boa produção, polinize você mesmo as flores com um pequeno pincel.
- A menos que queira propagar novas plantas, remova estolhos para canalizar a energia para produção de flores e frutos.
- Depois da colheita, retire todas as folhas velhas, caules, estolhos e a palha. Em seguida, nutra as plantas com fertilizante líquido balanceado.
- Renove as plantas após três ou quatro anos, quando o potencial de produção diminui.
- Morangos são plantas de fácil propagação – dê condições para que os estolhos enraízem, então, transplante-os para vasos individuais.
- Morangos-silvestres, que são menores que outros tipos, também se desenvolvem muito bem em vasos. São variedades perenes e frutificam até as geadas.

Um vaso de barro, próprio para morangos, é um jeito prático e divertido de cultivar um morangueiro em um espaço pequeno.

Colha os morangos assim que estiverem maduros, preferencialmente em um dia quente e ensolarado, quando o calor intensifica o sabor.

4 Cubra com palha para conservar a umidade e manter a fruta seca e limpa.

5 Uma nutrição regular é essencial para os morangos de vaso, portanto, aplique fertilizante rico em potássio todas as semanas ou quando as plantas estiverem florindo e frutificando.

Resolução de problemas

A doença do mofo cinzento pode ser um problema, por isso sempre regue a planta por baixo e garanta uma boa circulação de ar. Revista o vaso com rede para proteger de pássaros. Proteja o morangueiro contra lesmas e caracóis (veja p. 32).

Colheita e armazenamento

Morangos estão prontos para ser colhidos quando bem vermelhos. Apanhe-os no período mais quente do dia para ter uma fruta doce e perfumada, e logo antes de consumi-los, já que eles não têm uma boa conservação. Algumas variedades podem ser congeladas, e pode-se fazer geleias de todas.

ESPÉCIE *Fragaria x ananassa.*

Cultivar morangos em furos feitos em sacos de cultivo poupa o trabalho de ter de cobrir com palha ou plástico.

FRUTAS 71

Cesta de morango

Você terá a chance de colher os morangos quando estiverem no melhor ponto. As frutas cultivadas em cestas pendentes ficam bem longe das irritantes lesmas e também ocupam uma área pequena, caso precise colocar tela para proteger dos pássaros, que bicam a fruta. Como é possível cultivar apenas poucas plantas em cada cesta, deixe-a ainda mais bonita revestindo sua base com um belo tecido impermeável.

Cultive seis plantas em uma cesta pendente de 35 cm. Embora você possa colocar menos plantas em um recipiente menor (veja p. 70), não queira colocar plantas demais, pois a superlotação acarreta doenças causadas por fungos. Compre morangos como planta nova de vaso ou na forma de raiz nua e plante entre o fim do verão e o começo do outono ou da primavera. Para estimular o desenvolvimento de raízes e ter uma produção maior no ano seguinte, arranque, no primeiro ano, as flores de morangos plantados na primavera.

Mantenha os morangueiros bem irrigados – provavelmente será preciso irrigá-los quase todos os dias durante o período de crescimento (veja p. 70). Encha de água o vaso no centro da cesta (veja passo 3, à direita), em vez de regar o solo diretamente. Assim que as flores surgirem, aplique fertilizante rico em potássio a cada sete ou dez dias. No fim do período de crescimento, remova todas as folhas velhas, os ramos e as frutas, como também a cobertura de palha. Isso ajudará a expor a coroa ao frio durante o inverno, induzindo assim o período de dormência, necessário para a produção de novos ramos no ano seguinte.

Acima: Abelhas adoram morangos e, ao voarem ao redor deles, fazem a polinização. Os morangueiros não gostam de locais onde venta, então coloque a cesta em um lugar protegido.

À esquerda: Para obter uma fruta doce e perfumada, colha durante o período mais quente do dia. Segure o ramo na mão e quebre-o ou arranque-o; não puxe o morango, pois ele é muito delicado.

Como plantar uma cesta pendente

Material necessário
- Cesta pendente e forro;
- Pedaço de tecido impermeável, grande o suficiente para forrar a cesta;
- Caneta marcadora e tesoura;
- Substrato comum;
- Seis mudas de morango;
- Vasinho de plástico;
- Palha ou fibra-de-côco.

1 Usando o forro da cesta como modelo, marque com a caneta o tecido impermeável. Em seguida, corte o círculo desenhado.

2 Revista a cesta com o tecido, certificando-se de que esteja igualmente distribuído por toda a borda. Faça alguns furos no tecido com a tesoura. Em seguida, coloque o forro e encha dois terços da cesta com o substrato.

3 Enfie um vasinho com furos de drenagem no centro da cesta – isso ajudará na rega uniforme. Em seguida, plante os morangueiros em espaçamentos iguais ao redor da borda da cesta. Antes de irrigar bem, complete a cesta com o substrato. Regue e nutra as plantas regularmente.

4 Quando surgirem as frutas, coloque palha ou fibra-de-côco como cobertura para manter os morangos longe de um solo encharcado. Essas frutas não gostam de solos cheios de água, então, regue-as pouco, mas sempre.

5 Colha os frutos assim que estiverem maduros – morangos maduros são bem vermelhos. Cheque sempre as plantas e não perderá nenhuma. Fruto maduro demais começa logo a abrir e apodrecer e precisa, então, ser descartado imediatamente, antes que estrague.

Hortaliças

Tomates

Há três tipos de tomateiros: os de cordões verticais, que precisam de estaqueamento e poda das folhas à medida que crescem (veja p. 80); o tipo arbustivo, que precisa de menos manutenção; e os tomateiros rastejantes, ideais para cestas pendentes (veja p. 78). Você pode comprar plantas jovens ou mudas na primavera, mas, se cultivar a partir da semente, terá melhores opções para cultivo em vaso.

Requisitos básicos

Plante em vasos de 35 cm a 45 cm de profundidade cheios de substrato à base de argila, ou tente usar sacos de cultivo.

Técnicas de plantio

1 No começo da primavera, coloque quatro ou cinco sementes sobre o substrato úmido em um vasinho e cubra com filme plástico para manter um alto nível de umidade.

2 Coloque o vasinho em um peitoril de janela quente e ensolarado. As sementes devem germinar dentro de duas semanas.

3 Transplante as mudas para vasos individuais.

4 Algumas semanas depois, transfira-as para vasos maiores. Quando fizer calor e as plantas estiverem grandes o suficiente para ser transplantadas para o recipiente final, plante um tomateiro por vaso (dois por saco) e enterre-o até a altura das primeiras folhas.

5 Do começo até meados do verão, aclimatize a planta gradualmente, colocando-a para fora por algumas semanas antes de deixá-la exposta ao sol direto ou sob luz levemente filtrada.

6 Coloque estacas em tomateiros de cordão conforme crescem, usando varas e barbante. Tenha apenas um ramo principal e pode os brotos laterais que se

Quando for transplantar, enterre o caule do tomateiro até a altura das primeiras folhas para estimular o enraizamento.

Você pode ajudar na floração e na consequente frutificação da planta pulverizando as flores com água ou batendo nelas de leve.

Dicas práticas

- Regue as plantas para que o solo esteja sempre úmido, mas não exagere. Água demais pode causar doenças e perda de nutrientes, como também diluir o sabor do fruto.
- Tomates estão maduros quando apresentam uma cor uniforme. O crescimento irregular no fim do verão impedirá que o fruto amadureça antes das geadas, portanto, traga a planta para dentro de casa para promover a maturação.
- Cultive culturas associadas nas proximidades: cravo-de-defunto espanta a mosca-branca e atrai abelhas polinizadoras; borragem afasta a mosca da espécie *Manduca sexta*; e manjericão torna o aroma do tomate ainda melhor.

HORTALIÇAS

Cenouras e tomates se beneficiam mutuamente quando crescem juntos.

Tomates não estragam se deixados no pé depois de maduros, mas perdem o sabor se armazenados na geladeira.

formam nas axilas das folhas (veja p. 81). Quando o pé estiver com cinco cachos, corte o topo da planta duas folhas acima do último cacho, para que os tomates amadureçam antes das geadas. Tomateiros rastejantes e arbustivos crescem naturalmente, não precisam de tutoramento, suportes nem poda.

7 Regue as plantas com regularidade e aplique, uma vez por semana, fertilizante rico em potássio, depois que as primeiras flores se desenvolverem.

Resolução de problemas

A maioria dos problemas pode ser evitada com rega e nutrição constantes. Uma irrigação irregular faz com que o fruto rache, embora ainda continue perfeitamente comestível. Uma rega errática, combinada com falta de cálcio no solo, pode causar podridão estilar, uma parede cinzenta na base do tomate. No verão, preste atenção à requeima do tomateiro – manchas marrom-escuras nas folhas e escurecimento dos ramos (veja p. 35). Já nos primeiros sintomas, aja rapidamente; é melhor colher todos os tomates para que amadureçam dentro de casa.

Colheita e armazenamento

Tomates maduros podem permanecer na planta por mais algumas semanas, o que vale a pena, pois são mais saborosos quando consumidos frescos. Eles podem ser conservados à temperatura ambiente por quatro ou cinco dias, congelados na forma de purê ou consumidos em molhos. Tomates também podem ser consumidos na forma de conserva, desidratados ou como picles e *chutneys*.

ESPÉCIE *Lycopersicon esculentum* Mill.

Cesta de tomate-cereja

Se tiver pouco espaço, cestas pendentes são a solução. Com elas é possível aproveitar ao máximo o espaço vertical. Tomateiros arbustivos e rastejantes foram especialmente produzidos para o cultivo em vasos pequenos e cestas. Por se espalharem, eles transbordam para todos os lados. Além disso, essas plantas dão frutos doces e aromáticos e requerem pouquíssima manutenção. Desenvolvem-se praticamente sozinhas.

Para revestir a cesta pendente, escolha um forro de sisal ou fibra de coco, no lugar do tradicional musgo esfagno, e acrescente na base da cesta um círculo de plástico, cortado de um saco vazio de substrato, para ajudar na retenção de água. Como os tomateiros exigem bastante água e nutrientes, cultive somente um pé na cesta padrão de 35 cm de largura. Ao plantar, apoie a cesta sobre um vaso grande para que fique firme, caso ela esteja balançando. O substrato para uso geral é melhor para cestas do que aquele à base de argila, que fica muito pesado quando irrigado. Para ajudar a conservar a umidade durante um verão seco, ou quando não é possível regar, misture gel para plantio ao substrato antes de plantar. Mantenha o substrato úmido (veja p. 76), o que pode significar ter de irrigar todos os dias, e, tão logo as flores se formem, comece a nutrir seu tomateiro semanalmente.

À direita: Uma cesta de tomateiro pode ser tão atraente quanto uma cheia de flores de verão. Se possível, pendure-a perto da porta da cozinha para facilitar a colheita.

Como plantar uma cesta de tomateiro

Material necessário
- Cesta pendente; ■ Forro de sisal ou de fibra de coco;
- Círculo de plástico cortado de um saco vazio de substrato;
- Substrato para uso geral;
- Gel para plantio; ■ Fertilizante de liberação lenta (opcional);
- Tomate arbustivo (veja p. 77).

1 Coloque o forro na cesta pendente, arrumando-o de modo uniforme nas bordas. Revista a base com plástico de um velho saco de composto. Encha cerca de dois terços da cesta com o substrato.

2 Acrescente um pouco de gel para plantio, de acordo com as instruções no pacote, e misture bem ao substrato. Nesse estágio, você pode também adicionar um pouco de fertilizante de liberação lenta (veja p. 15).

3 Plante o tomateiro no centro da cesta, na profundidade das primeiras folhas, e complete com o substrato, assentando-o ao longo do processo. Deixe um espaço entre o substrato e o topo da cesta para facilitar a rega. Regue bem depois de plantar.

4 Assim que as primeiras flores amarelas aparecerem, aplique fertilizante rico em potássio todas as semanas. (Como nossa planta já estava florindo, nós aplicamos o fertilizante logo após plantá-la.) Mantenha o substrato úmido, regando essa sequiosa planta com regularidade.

5 Tomates são mais saborosos quando consumidos frescos e aquecidos pelo sol. Tente apanhá-los diretamente do pé sempre que possível.

Tomate

O sabor de um tomate fresco, produzido em casa, é imbatível – um gosto penetrante e adocicado, que não se encontra no produto da melhor quitanda –, e só por essa razão essa planta é uma das mais populares para se cultivar. Dê-lhe uma mãozinha e garanta a melhor produção, plantando-a em associação com cravo-de-defunto (*Tagetes patula*) e o manjericão. Algumas pessoas acreditam que o manjericão afasta a mosca-branca, além de realçar o sabor do fruto, e que o cravo-de-defunto atrai abelhas polinizadoras.

Há centenas de variedades de tomate disponíveis, desde o delicado tomate-cereja até os mais robustos e graúdos (veja p. 77). Todas podem ser semeadas primeiro dentro de casa, no começo da primavera, sendo plantadas em vasinhos e colocadas em um peitoril de janela com boa fonte de luz e calor (veja p. 76). Elas precisarão ser transplantadas para vasos maiores após cerca de sete semanas, e podem ser plantadas ao ar livre no começo do verão. Você também pode comprar plantas jovens ou mudas. Aclimatize-as durante alguns dias antes de plantá-las ao ar livre no local mais ensolarado e quente de seu jardim. Como os tomateiros são plantas exigentes em água e nutrientes, cultive apenas um pé por vaso. O substrato não pode ressecar – isso significa que a planta terá de ser irrigada todos os dias em clima quente.

Saiba exatamente que tipo de tomate você está plantando, já que os de crescimento vertical precisam ser amarrados a uma estaca e ter os brotos laterais removidos. Assim que as flores aparecerem, aplique um fertilizante rico em potássio ao menos uma vez na semana. Colha os cravos-de-defunto.

Acima: Colha os tomates quando eles estiverem bem vermelhos e consuma-os logo em seguida. Eles amadurecerão aos poucos no pé, à medida que você os apanha.

À esquerda: Manter em dia as tarefas básicas, como podar os brotos laterais e amarrar o tomateiro a um tutor, resultará em uma planta alta, de crescimento vertical, em haste única.

HORTALIÇAS

Como plantar tomates

Material necessário
- Vasos pequenos, substrato para uso geral, semente de tomate e filme plástico se for semear; ■ Vaso de barro; ■ Material de drenagem (veja p. 15); ■ Substrato à base de argila; ■ Vara de bambu e barbante; ■ Três plantas de manjericão e três cravos-de-defunto.

1 No começo da primavera, semeie quatro ou cinco sementes em um vasinho, cubra com filme plástico e coloque em local ensolarado. Mantenha o substrato úmido. Transplante as mudas para vasos individuais (veja p. 76). Quando estiver quente o bastante leve as plantas para fora.

2 No começo do verão, revista a base do vaso com material de drenagem, e em seguida encha até a metade com substrato à base de argila. Plante um tomateiro profundamente no centro do vaso, enterrando-o até as primeiras folhas (veja p. 76). Complete com o substrato e regue bem a planta.

3 Com um barbante, amarre o tomateiro a uma vara. Em seguida, plante o manjericão e o cravo-de-defunto ao redor do pé de tomate, regue novamente as plantas e cubra com cobertura morta. (Se preferir, cultive de modo similar seus outros tomateiros produzidos a partir da semente.)

4 Amarre sempre o tomateiro à vara conforme ele cresce. Nutra e regue as plantas regularmente. Corte as pontas de crescimento do manjericão para torná-lo uma planta mais robusta e inibir a floração. Colha sempre suas folhas.

5 Pode todo broto lateral que se desenvolva na axila foliar entre o caule principal e um ramo lateral. Assim que o tomateiro estiver com cinco cachos do fruto, corte o topo da planta, duas folhas acima do último cacho. Colha os tomates conforme amadurecerem.

Berinjelas

Com exóticas flores roxas, corpulentos frutos brilhantes e lindas folhas felpudas, a berinjela apresenta um aspecto vistoso. Encontrados em uma sortida gama de cores e em vários tamanhos, os frutos têm o mesmo sabor cremoso.

Requisitos básicos
Plante uma única muda em um vaso de 30 cm de diâmetro, contendo substrato de boa qualidade. Variedades anãs caberão em um recipiente menor. Três plantas se desenvolvem muito bem em um saco de cultivo.

Técnicas de plantio
1 Berinjelas precisam de calor, portanto, se estiver numa região temperada, escolha variedades de frutos menores e mais finos, que precisam de menos tempo de maturação (veja p. 84). Plantas jovens terão tempo suficiente para se desenvolver e amadurecer; talvez seja vantajoso começar com plantas enxertadas.

2 Se estiver plantando a partir das sementes, semeie no começo da primavera e coloque o vaso num peitoril de janela com boa fonte de luz e calor, a 20 °C. Não deixe o substrato ressecar.

3 Quando grandes o suficiente para serem manuseadas, transplante as mudas para vasos individuais. Após

Em um churrasco, berinjelas maduras e brilhantes como esta ficam deliciosas quando fatiadas e grelhadas em azeite de oliva.

as geadas, plante-as nos vasos definitivos, mas antes aclimatize-as por alguns dias.

4 Cultive berinjelas no local mais quente e ensolarado, preferencialmente perto de uma parede seca.

5 Quando surgirem os primeiros frutos, aplique fertilizante rico em potássio a cada duas semanas.

Resolução de problemas
Borrife diariamente as folhagens para afastar os ácaros rajados. Retire os afídeos com as mãos sempre que os encontrar (veja p. 34) e remova de uma só vez todos os novos galhos infectados pelo mofo cinzento. Irrigação constante previne que ocorra a podridão estilar.

Colheita e armazenamento
Colha o fruto quando estiver colorido e brilhante. Ele pode ser conservado por algumas semanas na geladeira. Pode-se fazer conservas ou congelar molhos.

ESPÉCIE *Solanum melongena* L.

Dicas práticas

- Quando as plantas atingirem 30 cm de altura, corte a ponta do caule principal para estimular a brotação lateral.
- Coloque estacas em plantas maiores.
- Ajude a frutificação batendo de leve nas flores para que liberem o pólen, esfregando-as com um pequeno pincel ou borrifando-as com água.
- Remova as pétalas grudadas ao fruto para evitar que ocorra o mofo cinzento.
- À medida que o fruto se desenvolve, arranque as folhas mais baixas para circular o ar.

Pimentas e pimentões

Pimentas e pimentões precisam de um período de crescimento longo e quente. Há uma enorme diferença entre as hortaliças cultivadas em casa e aquelas de prateleiras, então experimente diferentes formatos e cores.

Requisitos básicos
Plante cada muda num recipiente de 30 cm de diâmetro com boa drenagem e contendo substrato para uso geral. Três plantas caberão num saco de cultivo. Variedades de pequeno porte também se desenvolverão numa cesta pendente.

Técnicas de plantio
1 Plante as plantas jovens (veja p. 86) ou semeie dentro de casa a partir do fim do inverno e meados da primavera (veja p. 87).

2 Mantenha a planta bem irrigada e seja paciente – as sementes podem demorar para germinar.

3 Coloque o vaso num lugar quente e ensolarado – a base de uma parede quente é o ideal (veja p. 86), ou cultive pimentões numa estufa de vidro.

4 Regue com regularidade em clima seco e, quando a planta estiver florescendo, aplique um fertilizante líquido balanceado.

Resolução de problemas
Essas culturas costumam não apresentar problemas.

Colheita e armazenamento
Embora pimentões e pimentas sejam encontrados numa sortida gama de cores, eles amadurecem, na maioria das vezes, do verde para o vermelho. Colha os frutos no estágio de cor que você preferir (veja p. 87). Consuma-os frescos, desidratados lentamente no forno ou desidratados ao ar livre (veja p. 86).

ESPÉCIES pimenta: *Capsicum frutescens* L.; *C. baccatum* L.; *C. chinense* Jacq., *C. praetermissum* L.; *C. Annuum* L.; pimentão: *C. annuum* L.

Pode a ponta da haste quando as plantas estiverem com 20 cm de altura, ou logo acima do quinto conjunto de folhas. Isso estimula o crescimento arbustivo (veja abaixo) e maior produção de frutos.

Algumas pimentas devem ser colhidas quando ainda verdes para estimular a frutificação. Os novos frutos podem, então, ser deixados no pé até ficarem vermelhos, no fim da estação.

Dicas práticas

- Pode a ponta de crescimento da haste para estimular o desenvolvimento arbustivo.
- Ajude na polinização esfregando as flores com um pincel.
- Coloque as plantas numa estufa durante o inverno. Pode-as bem e regue com moderação.

Berinjelas pretas e brilhantes

Nos mercados, a berinjela é um vegetal caro e nem de perto tem o sabor daquela que você mesmo pode cultivar em casa. Os vasos grandes, que são necessários para uma boa colheita, costumam ter custo alto, então, como uma alternativa barata, adapte um recipiente, como uma caixa organizadora preta de plástico.

Procure comprar a planta jovem em vez da semente, pois você precisa de toda ajuda possível quando o assunto é berinjela, especialmente se estiver cultivando numa região de clima temperado frio. Apanhe as plantas assim que aparecerem nas prateleiras e transplante-as, cultivando-as num peitoril de janela iluminado e quente, até que esteja calor o bastante lá fora para que sejam transplantadas para as caixas.

Coloque as plantas no local mais quente e iluminado. Quando estiverem com 20 cm a 30 cm de altura, pode a ponta da haste principal. Quando a floração começar, aplique fertilizante rico em potássio e esfregue as flores para polinizar (veja p. 82). Variedades com frutos maiores talvez precisem de estaqueamento.

À direita: Colha os frutos quando ainda estiverem brilhantes e com uma cor índigo escura, do contrário, logo ficarão amargos.

Como plantar uma caixa de berinjelas

Material necessário
- Caixa organizadora preta de plástico; ■ Chave de fenda ou furadeira; ■ Material de drenagem (veja p. 15);
- Substrato para uso geral;
- Duas mudas de berinjela (veja p. 82);

1 Qualquer recipiente, a não ser um vaso, precisará ser furado na base com a chave de fenda ou furadeira, caso ainda não tenha furos. Em seguida, acrescente uma camada de material de drenagem e encha dois terços da caixa com o substrato.

2 Coloque as plantas sobre a superfície do substrato ainda nos vasos para determinar a profundidade de plantio, que deve ser a mesma do recipiente anterior. Em seguida, retire cada planta de seu recipiente e replante, acrescentando mais substrato. Regue bem e cubra com cobertura morta.

3 Os pés de berinjela são famintos e sedentos, especialmente quando cultivados em vasos, portanto, regue regularmente, nunca os deixe ressecar e proteja-os de lesmas e caracóis (veja p. 32). Aplique fertilizante rico em potássio uma vez por semana.

4 Quando cada planta atingir 20 cm a 30 cm de altura, arranque a ponta de crescimento da haste principal com a ponta dos dedos para estimular um crescimento novo e arbustivo e uma frutificação mais intensa e precoce.

5 É melhor colher o fruto quando ele ainda estiver jovem e brilhante; do contrário, tenderá a ficar lanoso por dentro e desenvolverá várias sementes amargas. Uma colheita precoce também estimula o amadurecimento.

Vasinhos apimentados

Um toque apimentado na comida pode transformar muitos pratos, e as pimentas são um arraso no jardim. Vale muito a pena colocá-las num vaso apropriado, iguais aos clássicos de barro, em vez de cultivá-las nos de plástico. Horticultores ficam fanáticos quando o assunto é pimenta, e atualmente há centenas de variedades – então, escolha a sua. Cultive uma coleção delas e você terá o suficiente para o ano seguinte.

Pimentas podem ser semeadas em qualquer época do ano entre o fim do inverno e o fim da primavera, mas, quanto mais cedo o fizer, mais tempo as plantas terão para amadurecer. Como alternativa, você pode comprar plantas jovens (veja p. 83). Entretanto, esses fornecedores não oferecem a mesma variedade de cores e formas que você talvez encontre em viveiros. Cubra as sementes recém-plantadas com filme plástico para manter a umidade alta e estimular a germinação.

Quando for plantar ao ar livre, coloque os vasos em locais ensolarados e protegidos, pois as pimenteiras precisam de um verão longo e quente para amadurecer. Arranque a ponta de crescimento da haste principal para promover um crescimento arbustivo e, assim, uma maior frutificação (veja p. 83). Plantas grandes, carregadas de frutos, talvez precisem ser amarradas a uma ou duas varas de suporte. Quando as flores surgirem, aplique fertilizante rico em potássio uma vez por semana, e ajude as abelhas polinizando as flores com um pequeno pincel ou cotonete. Deixar os primeiros frutos na planta até ficarem vermelhos, maduros, resultará numa produção bem menor de pimentas; portanto, colha os primeiros frutos quando estiverem ainda verdes e você terá pimentas durante todo o outono.

Acima: Uma maneira interessante de secar pimentas é amarrar os frutos num cordão e pendurá-lo no calor.

À esquerda: Pimentas fortes, como as malaguetas (no vaso à direita), demoram mais para amadurecer.

HORTALIÇAS

Como semear pimentas

Material necessário:
- Vasinhos para semear;
- Substrato para uso geral;
- Sementes de pimenta – três variedades diferentes (veja p. 83);
- Filme plástico;
- Vasos de barro com pelo menos 30 cm de largura;
- Varetas de bambu e barbante;
- Material de drenagem (veja p. 15).

1 Encha o vaso com substrato até 7 cm de altura, assentando-o gentilmente para retirar qualquer bolha de ar. Regue o composto para hidratá-lo antes de semear. Coloque duas sementes por vaso. Cubra a semente espalhando um pouquinho de substrato por cima.

2 Regue outra vez e cubra com filme plástico. Coloque-os num local ensolarado. Retire o filme depois da germinação. Quando nas mudas brotarem um segundo conjunto de folhas, remova a muda mais fraca para que fique apenas uma planta sadia por vaso. Mantenha o substrato úmido.

3 Quando as plantas jovens estiverem com 12 cm de altura, transplante para vasos maiores. Regue bem. Quando estiverem com 20 cm, amarre cada uma delas a uma vareta de bambu, como suporte. Proteja as plantas de ataques de lesmas e caracóis (veja p. 32).

4 Quando as geadas tiverem cessado, as plantas podem ir para fora, no vaso definitivo. Revista a base do vaso com uma boa camada de material de drenagem, complete com o substrato e plante. Estaqueie a planta. Em regiões de clima frio, cubra inicialmente a planta com uma campânula de vidro.

5 Regue e alimente as plantas com regularidade. Em vez de deixar os primeiros frutos no pé até ficarem vermelhos, colha essas pimentas quando ainda verdes. Assim você terá uma maior produção de frutos, que podem, então, ser deixados na planta até amadurecerem e ficarem vermelhos e brilhantes.

Abobrinhas

Abobrinha é uma das culturas mais rápidas e fáceis de se produzir e vale a pena ser cultivada quando nos lembramos do quanto ela custa nos supermercados. Mas não plante demais – um ou dois pés é o suficiente para suprir de abobrinhas o verão inteiro. Embora ocupem muito espaço no canteiro, desenvolvem-se muito bem em vasos grandes, especialmente se você escolher uma variedade de pequeno porte.

Requisitos básicos
Abobrinhas são plantas famintas e sedentas, portanto, use um recipiente de 60 cm de largura ou um saco de cultivo. Misture esterco curtido ao substrato e borrife um fertilizante para uso geral.

Técnicas de plantio
1 Plante as sementes no fim da primavera ou cultive a planta jovem no começo do verão. Plante duas ou três sementes de lado no vaso ou num saco de cultivo e coloque o recipiente em um lugar quente e ensolarado.

2 Desbaste e deixe apenas uma muda forte por vaso.

3 Mantenha o substrato úmido, principalmente quando os frutos começarem a crescer. Regue em volta das plantas e não sobre elas para evitar que apodreçam.

4 Assim que surgirem os frutos, aplique a cada 15 dias um fertilizante líquido balanceado ou rico em potássio.

Resolução de problemas
Proteja os vasos contra o ataque de lesmas (veja p. 32). Proteja as plantas de oídios mantendo-as bem irrigadas, principalmente durante o verão (veja p. 34).

Tente colher com a flor ainda presa ao fruto. Ela pode ser frita inteira ou misturada à salada.

Ao colher abobrinhas jovens, você estimula uma colheita contínua e abundante.

Dicas práticas
- Como as sementes das abobrinhas são grandes, achatadas e apodrecem com facilidade, sempre as semeie pela lateral mais estreita.
- Inserir um vasinho no substrato ao lado do pé de abobrinha, e irrigar nele, garantirá que a água chegue às raízes da planta, onde ela é necessária, e não fique parada ao redor do colo da planta, apodrecendo-o.

Colheita e armazenamento
Colha de meados do verão até meados do outono, quando as abobrinhas tiverem cerca de 10 cm, para que não se desenvolvam muito. Consuma frescas; picadas, branqueadas, congeladas; ou na forma de geleias e picles. As flores também ficam uma delícia na salada ou quando recheadas e fritadas.

ESPÉCIE *Cucurbita pepo* L.

Pepinos

Pepinos são fáceis de plantar e exigem apenas sol e um suporte para tutoramento. As variedades mais compridas, de casca lisa, precisam de um meio quente e úmido, enquanto as menores, com reentrâncias na casca, desenvolvem-se muito bem em regiões de clima frio; basta escolher a variedade mais apropriada às suas condições.

Requisitos básicos
Plante individualmente em um recipiente que tenha 25 cm de diâmetro por 20 cm de profundidade. Encha os recipientes com substrato à base de argila.

Técnicas de plantio
1 Em meados do verão, plante as sementes de lado no substrato para evitar que apodreçam e cubra-as, ou compre plantas jovens no fim da primavera.

2 Cultive num lugar protegido e quente ou numa estufa de vidro, e cubra as plantas com cobertura morta para conservar a umidade.

3 Mantenha o substrato úmido, regando em volta das plantas e não sobre elas (veja p. 90).

Com suas folhas palmadas e flores amarelas, os pepineiros são plantas de visual exótico que possuem uma ótima produção.

4 Tutore as variedades de pepino comprido e de casca lisa em tripés, varas ou treliças. Variedades menores podem crescer de modo rasteiro sobre o vaso.

5 Assim que os frutos começarem a se desenvolver, nutra a cada duas semanas com fertilizante rico em potássio.

Resolução de problemas
Proteja os vasos dos ataques de lesmas (veja p. 32). Certifique-se de sempre manter as plantas úmidas para afastar o oídio (veja p. 34); descarte imediatamente as folhas infectadas e borrife com água para manter o ambiente úmido.

Colheita e armazenamento
Quanto mais velho o pepino, mais grossa será sua casca. Portanto, colha pepinos jovens. Armazene na geladeira por até uma semana.

ESPÉCIE *Cucumis sativus* L.

Dicas práticas
- Escolha cultivares F1 da variedade de casca lisa, pois são fêmeas. Do contrário, será preciso retirar as flores machos do pepineiro para impedir a polinização das flores fêmeas e a produção de frutos amargos.
- As plantas não gostam de ter suas raízes perturbadas, portanto, ou plante pepinos em seu vaso definitivo ou escolha vasos biodegradáveis para reduzir futuros estresses.
- Coloque um aro em volta da haste pare impedir que apodreça (veja p. 91).
- Canalize a energia para a produção de frutos arrancando a ponta de crescimento da haste.

Cultivando pepinos

Um único pé de pepino num vaso grande dará frutos crocantes e suculentos durante todo o verão. Na verdade, você talvez tenha problemas para acompanhar a produção, pois ela é de fácil cultivo – basta colocá-la num local quente, fornecer bastante nutriente e água e não parar de colher!

Escolha uma variedade que possa ser cultivada ao ar livre, pois as de ambientes protegidos não suportarão condições mais frias do lado de fora (veja p. 89). Os pepineiros não gostam quando suas raízes são perturbadas; portanto, se estiver cultivando a partir da semente, use vasos biodegradáveis – de fibra de coco, por exemplo. Aclimatize a planta ao ambiente externo aos poucos ao longo de uma semana antes de plantá-la do lado de fora, num local ensolarado e protegido. Como alternativa, no começo do verão, plante a semente diretamente ao ar livre e cubra com uma campânula ou uma jarra grande de vidro.

Quando se desenvolverem sete folhas na planta, corte a ponta de crescimento da haste principal e tutore as ramificações laterais verticalmente e ao redor do obelisco, podando os ramos sem flores depois da quinta folha. Cultivar pepineiros em um suporte como esse economiza espaço. Você pode, também, deixar a planta rastejar sobre a lateral do vaso e sobre o chão. Como os frutos são formados praticamente de água, essa planta é muito sedenta, principalmente quando em vaso, por isso mantenha-a bem irrigada. Infelizmente, como é muito suscetível à podridão, regue ao redor dela em vez de encharcar suas folhas e a haste. Assim que os frutos se formarem, aplique fertilizante rico em potássio a cada 15 dias.

Um pepineiro carregado de frutos pode ficar pesado, por isso, amarre-o direito ao suporte, que deve estar bem enterrado no recipiente.

HORTALIÇAS

Como plantar sementes de pepino

Material necessário
- Vasinhos biodegradáveis;
- Substrato para uso geral;
- Sementes de pepino (veja p. 89);
- Filme plástico; ■ Vaso com pelo menos 30 cm de largura e profundidade; ■ Material de drenagem (veja p. 15); ■ Aro feito de um vaso velho de plástico; ■ Obelisco;
- Barbante.

1 Plante duas sementes de lado no vaso biodegradável contendo substrato. Cubra com filme plástico e coloque num peitoril de janela quente e iluminado. Retire o filme após a germinação. Descarte a muda mais frágil. Transplante a muda à medida que ela cresce.

2 Quando formado, plante o pepineiro um pouco descentralizado no vaso definitivo, com uma camada de material de drenagem e cheio de substrato. Certifique-se de nivelar a superfície do torrão da raiz com a do substrato. Para impedir que a haste apodreça, faça um aro cortando a base de um vaso velho de plástico.

3 Posicione o aro ao redor da haste do pepineiro. Regue bem e cubra com cobertura morta. Coloque um obelisco no centro do vaso para servir como suporte. Proteja plantas jovens de lesmas e caracóis (veja p. 32).

4 Ajude a planta a escalar o suporte, amarrando regularmente a haste ao obelisco com barbante de jardinagem. Mantenha-a bem irrigada (veja p. 89) e nutrida. Arranque as gavinhas para que a planta concentre sua energia para a produção de flores e frutos.

5 Colha os pepinos em qualquer tamanho, cortando-os com uma faca afiada. Se você deixar o fruto no pé até que fique muito grande, ele será menos saboroso e perderá a textura.

Morangas e abóboras

É difícil errar com morangas e abóboras. Elas são frutos de fácil cultivo, lindas, e podem ser conservadas por um longo período. Portanto, é possível apreciá-las mesmo muito tempo depois de terem sido colhidas. Disponível numa variedade de formas, tamanhos e cores, essa cultura pode crescer verticalmente ou rastejar. Há também os tipos compactos, arbustivos.

Requisitos básicos
Cultive uma planta num vaso de 45 cm com uma mistura de dois terços de substrato à base de argila e um terço de esterco curtido ou substrato caseiro. Cerca de duas plantas caberão num saco de cultivo.

Técnicas de plantio
1 Plante ao ar livre, no fim da primavera ou começo do verão, duas sementes por vaso a 2,5 cm de profundidade.

> **Dicas práticas**
> - Plante as sementes na vertical, sobre a lateral mais estreita, para evitar que apodreçam.
> - Conduza de forma rasteira os pés com abóboras mais pesadas – é difícil conduzi-los verticalmente.
> - Se o clima ficar úmido, mantenha os frutos longe de superfícies encharcadas, colocando-os sobre telhas velhas.

2 Cubra o vaso com uma campânula de vidro pelo máximo de tempo possível depois da germinação. Desbaste e deixe apenas a muda mais resistente.

3 Outra alternativa é cultivar plantas jovens quando as geadas tiverem acabado. Regue bem.

4 Mantenha o solo úmido, regando ao redor da planta e não sobre ela. Cubra com cobertura morta para conservar a umidade.

5 Ampare as abóboras rastejantes com um tripé.

6 Assim que os frutos começarem a se desenvolver, aplique fertilizante líquido balanceado a cada 15 dias.

Resolução de problemas
Proteja as plantas, especialmente as mais jovens, de lesmas e caracóis (veja p. 32).

Colheita e armazenamento
Deixe os frutos amadurecerem no pé pelo máximo de tempo possível, então corte-os com um pequeno pedaço da haste junto, antes das geadas. Um som oco quando se bate no fruto indica que está maduro. Armazene em local fresco e seco. Sementes de abóboras são deliciosas e nutritivas também.

ESPÉCIES moranga: *Cucurbita maxima* Duch.; abóbora: *C. moschata* Duch.

Tutorar o pé de abóbora para que cresça verticalmente sobre tripé, obelisco ou estacas ajuda a conservar o fruto (como esta abóbora-cheirosa) longe de solos encharcados.

Batatas-doces

Batatas-doces são trepadeiras de crescimento espalhado que não têm relação alguma com as batatas tradicionais. Uma vez plantado, o pé de batata-doce praticamente se desenvolve sozinho, restando a você aguardar pelo divertido momento da colheita. Tradicionalmente uma cultura de clima quente, cultivares mais robustos podem ser encontrados para clima temperado frio.

Requisitos básicos

Cultive num recipiente grande, com 60 cm de largura, contendo furos de drenagem e uma mistura de areia e substrato para uso geral na proporção de 1:1. Um tonel grande, preto, de plástico é uma boa opção para regiões de clima temperado frio, pois ele absorve calor.

Técnicas de plantio

1 Plante ramas ou mudas não enraizadas. Escolha a segunda opção em regiões de clima temperado frio.

2 Plante as ramas em vasinhos individuais. Regue e coloque num peitoril ensolarado até enraizarem bem.

3 Aclimatize as ramas antes de plantar no vaso definitivo em um ambiente externo (veja p. 95). Coloque-as em um local quente e ensolarado.

4 Em regiões de clima frio, cubra as plantas com campânula (veja p. 95) ou manta pelo máximo de tempo possível.

5 Aplique fertilizante líquido balanceado a cada 15 dias. Regue bem em períodos de seca.

Para uma colheita melhor, com batatas maiores, coloque algum suporte, como tripé ou vara de bambu, sobre o qual a planta possa crescer verticalmente.

Dicas práticas

- Tutore as plantas em um tripé colocado no centro de um vaso, amarrando-as suavemente ao suporte com barbante.
- Batatas-doces apodrecerão se congeladas, então erga os tubérculos caso haja previsão de gear no fim da estação.

Resolução de problemas

As lesmas adoram as folhas, então faça rondas noturnas para destruir esses invasores (veja p. 32).

Num verão intenso, batatas-doces recompensarão você com suas lindas flores.

Colheita e armazenamento

Tubérculos podem levar até cinco meses para amadurecer e estarão prontos quando as folhas ficarem amarelas e começarem a morrer progressivamente (veja p. 95). Como a casca precisa endurecer, deixe-os em algum local quente por alguns dias antes de armazená-los num lugar fresco e escuro. As folhagens e os brotos jovens também são saborosos; colha-os quando precisar deles.

ESPÉCIE *Ipomoea batatas* L.

HORTALIÇAS 93

Saco de batata-doce

Essas trepadeiras se alastram e podem tomar um pequeno jardim quando não são vigiadas. Portanto, é melhor cultivá-las em jardineiras ou em sacos específicos e profundos, onde o enraizamento será limitado. As batatas constituem uma cultura deliciosa e de pouca exigência, e você pode também consumir as folhas e os brotos da batata-doce como o espinafre, mas não com ganância: pouca folhagem no pé reduzirá a colheita!

A batata-doce não se propaga por meio da túbera, como as batatas comuns, mas de ramas ou de plantas jovens. As ramas precisam se propagar antes de serem plantadas em seu recipiente definitivo. Portanto, se você vive numa região de clima frio e existe a oferta de plantas jovens, prefira-as no lugar das ramas, em função da curta estação de crescimento. Plante direto na jardineira. Forneça às batatas-doces um solo rico e bem drenado misturando substrato para uso geral à areia (veja p. 93). Como se trata de uma cultura de clima quente, ela precisa de calor e de proteção extra para se desenvolver bem; use campânulas pelo máximo de tempo possível caso as temperaturas estejam baixas.

Batatas-doces são plantas que se alastram e ocupam bem menos espaço quando tutoradas em suportes, os quais também impedem que enraízem nos lugares em que os nódulos da folha tocam o solo e produzam uma cultura desagradável, com muitas batatas pequenas, em vez de batatas maiores e em menor quantidade. Reconduza-as a cada duas semanas.

Regue-as regularmente, mas não exagere: elas não gostam de solos encharcados. Aplique fertilizante líquido balanceado a cada 15 dias.

Para sair na frente na próxima colheita, retire os ramos da haste no fim do verão e enraíze as plantas na água. Em seguida, plante em vasos e, durante o inverno, coloque-as num local livre de geadas, prontas para serem plantadas mais cedo no ano seguinte.

As plantas de batata-doce são atraentes, exóticas e se alastram, bem diferente das batatas tradicionais. Suas lindas folhas também podem ser consumidas.

HORTALIÇAS

Como plantar um pé de batata-doce

Material necessário
- Ramas de batata-doce;
- Jarro grande de água;
- Vasos compridos ou tubetes;
- Substrato para uso geral;
- Areia grossa de horticultura;
- Saco de cultivo e campânula;
- Varetas de bambu e barbante.

1 Desembrulhe as ramas de batata assim que chegarem. Talvez estejam um pouco murchas e exauridas, então coloque-as num jarro com água durante a noite para reanimá-las.

2 No dia seguinte, insira as ramas até a base das folhas num vaso comprido ou em tubetes contendo uma mistura de substrato (veja p. 93). Regue bastante. Deixe-as propagando sob proteção por duas a três semanas, até que as plantas tenham enraizado bem.

3 Complete o saco de cultivo com a mistura de substrato para uso geral e areia. Transplante as ramas, espaçando-as uniformemente em volta da borda. Em um saco de 60 litros (como este) devem caber cinco plantas, e em um vaso de 50 cm de diâmetro, cabem de cinco a seis plantas. Regue bem.

4 Proteja as plantas jovens com uma campânula pelo máximo de tempo possível quando em regiões frias. Alimente e regue com regularidade. Depois de retirar a proteção, estaqueie as plantas construindo um tripé de varas sobre o saco e amarrando a cada vara uma planta (veja p. 93).

5 Colha as batatas com cuidado para não feri-las e cure a casca, por cerca de dez dias, num lugar úmido e arejado. Colha sua produção antes da geada para que as batatas não sejam destruídas.

Batatas

A batata costuma ocupar muito espaço no chão, mas vai muito bem em recipientes. Embora a produção não seja grande, o segredo da batata é a profundidade – então, escolha seu recipiente com cuidado e tente cultivar variedades novas, mais saborosas e não tão comuns. Novas variedades geralmente têm produção precoce, o que pode evitar a requeima da batata.

Requisitos básicos
Batatas crescem em qualquer recipiente com pelo menos 30 cm de largura e de profundidade e boa drenagem, por exemplo, saco de cultivo, cestos de borracha para jardinagem (*Tubtrugs*) e até mesmo velhos sacos de substrato. Cultive-as em substrato para uso geral.

Técnicas de plantio
1 Estimule a brotação das batatas antes de plantá-las colocando-as numa caixa de ovos ou em bandejas em um lugar fresco e claro, com os olhos para cima (veja p. 98). Quando os brotos estiverem com cerca de 2,5 cm de comprimento, podem ser plantados.

2 Dependendo da variedade, plante no começo da primavera (veja p. 98). Coloque o recipiente em um local ensolarado, complete até a altura de 20 cm com substrato e borrife um pouco de fertilizante (veja p. 99). Plante os tubérculos com as brotações – dois são suficientes para um recipiente de 30 cm de diâmetro – e cubra com 10 cm de substrato. Em seguida, regue.

3 Conforme as plantas se desenvolvem, continue cobrindo os brotos e folhas com o substrato (veja p. 99) até que o solo chegue ao topo do recipiente.

4 Para uma boa produção, mantenha as plantas bem irrigadas, especialmente quando os tubérculos estão começando a se formar.

5 Aplique fertilizante líquido com regularidade (veja p. 98).

Resolução de problemas
Seu maior desafio será evitar que ocorra a requeima, uma doença causada por fungos que pode dizimar uma cultura inteira de batatas (veja p. 35). O fungo se prolifera em clima quente e úmido, por volta do fim do verão. O jeito mais eficiente de combater essa doença é cultivar variedades precoces, que são colhidas antes que o fungo ataque. Caso isso não seja possível, preste atenção: aos primeiros sinais característicos – as pústulas castanhas –, remova as folhas

> **Dicas práticas**
>
> ■ Não exponha os tubérculos à luz, senão ficarão esverdeados e impróprios para consumo. Se eles estiverem saindo da superfície, cubra-os imediatamente com muita terra.
>
> ■ Acredita-se que a remoção das flores acarrete um aumento de produtividade.

Colha as batatas com cuidado: ou virando o saco e o vaso de ponta-cabeça, ou remexendo com cuidado o substrato com um garfo.

Batatas com brotações se desenvolvem bem em sacos. À medida que as plantas forem crescendo, desenrole aos poucos as laterais do saco e complete com substrato até chegar ao topo.

até o nível do chão para impedir que a requeima se alastre até os tubérculos dentro da terra. Deixe as batatas no recipiente por algumas semanas para que a casca endureça, e torça para que você tenha salvado sua produção. Outro problema é a sarna comum da batata, que causa marcas na casca. Embora seja um problema superficial, que pode ser facilmente removido com a retirada da casca, não se deve armazenar tubérculos infectados.

Colheita e armazenamento

Variedades precoces estão prontas quando florescerem, mas retire-as da terra apenas quando for consumi-las, pois são melhores frescas. Você pode começar a colher os cultivares de ciclo normal a qualquer momento depois da floração. Quando a folha ficar amarela, corte fora; então deixe as batatas durante uma semana para que a casca endureça. Depois de erguer os tubérculos, seque ao sol por algumas horas.

Quanto mais tempo você deixar o cultivar de ciclo normal na terra, maiores ficarão os tubérculos – no entanto, maiores serão também os riscos de pragas e doenças.

Armazene os tubérculos em local escuro, dentro de sacos respiráveis – os de juta são perfeitos.

ESPÉCIE *Solanum tuberosum* ssp. *tuberosum*.

Saco de batata

As batatas crescem em quase todos os tipos de recipientes, desde que eles tenham profundidade. Esses sacos recicláveis, alegres e coloridos podem servir de lindas e práticas jardineiras, que são ideias para os horticultores que não têm muito espaço ou para aqueles que não querem ocupar todo o espaço com apenas uma cultura exigente.

Além dos sacos recicláveis, feitos de tecido poroso, você também pode plantar a batata-semente com brotações em jardineiras específicas ou nos cestos de borracha, que são fáceis de furar. Plante do começo ao fim da primavera para uma safra de verão, ou plante no fim do verão para uma safra de inverno, que vai até o Natal. Se tiver pouco espaço, escolha variedades mais saborosas, mais novas, assim sua colheita será realmente especial (veja p. 97). Procure cultivares resistentes à requeima, caso doenças causadas por fungos possam ser um problema.

Coloque os sacos num local ensolarado e nutra as plantas a cada 15 dias com fertilizante específico para batatas ou um fertilizante líquido balanceado. Enquanto aguarda para colher as batatas precoces, toque o saco com cuidado para estimar o tamanho dos tubérculos: se pequenos demais, dê-lhes mais uma semana para que se desenvolvam.

Fotografia à direita: Certifique-se de que as batatas estejam limpas e secas antes de armazená-las. Deixe as batatas colhidas sobre o solo por algumas horas até que a terra em volta da casca seque. Os tubérculos apodrecem quando armazenados úmidos.

Como plantar um saco de batata

Material necessário
■ Quatro batatas-sementes por saco; ■ Caixa de ovo ou bandeja de sementes; ■ Jardineira para batatas, sacos recicláveis ou cestos de borracha; ■ Substrato para uso geral; ■ Fertilizante específico para batatas.

1 Primeiro estimule a brotação de suas batatas, isto é, coloque-as numa velha caixa de ovo ou numa bandeja de sementes, em lugar fresco e claro. A maioria dos brotos ficará concentrada numa das extremidades, que deve ficar para cima.

2 No fim da primavera ou no começo do verão, plante as batatas brotadas. Os brotos terão de 1 cm a 2,5 cm de comprimento. Acrescente 20 cm de substrato à base do saco e misture nele uma colher de fertilizante para batatas.

3 Coloque as batatas no substrato com a extremidade contendo os brotos para cima. Em seguida, cubra com 10 cm a 20 cm de mais substrato. Regue bem. Aplique fertilizante a cada duas semanas.

4 À medida que se desenvolverem, acrescente substrato no saco a intervalos regulares, cobrindo sempre os brotos e as folhas. Continue esse processo até que o substrato tenha chegado a 5 cm do fim do saco.

5 Regue bem em clima seco, especialmente quando as plantas estiverem florindo. Batatas precoces estarão prontas para serem colhidas quando em flor; cultivares de ciclo normal são colhidos depois que a folhagem começar a murchar (veja p. 97).

Beterrabas

Deliciosas e tenras quando jovens, as beterrabas dão uma colheita extra com suas folhagens comestíveis, parecidas com o espinafre. Desenvolvem-se muito bem em recipientes, e quando plantadas juntinhas produzem inúmeras raízes pequenas e doces. Também funcionam muito bem como cultura intercalar, podendo ser plantadas e colhidas enquanto se espera pela produção de outra cultura (veja p. 102).

Requisitos básicos
Plante num recipiente grande de 30 cm a 40 cm de diâmetro contendo substrato à base de argila ou substrato para uso geral. Um recipiente grande ajuda a reter a umidade de que as beterrabas precisam.

Técnicas de plantio
1 Plante as sementes entre meados da primavera e meados do verão, realizando semeaduras regulares a cada duas semanas.

2 Desbaste as mudas com frequência para que tenham bastante espaço para se desenvolver.

3 Mantenha as plantas bem irrigadas, especialmente quando as raízes começarem a se desenvolver.

Dicas práticas
- Não queira plantar cedo demais. A germinação pode ser irregular – espere até meados da primavera para começar a plantar.
- Retire as folhas torcendo em vez de cortá-las para evitar que exsudem líquidos (veja p. 102).

Resolução de problemas
Se for semear mais cedo, escolha variedades resistentes ao florescimento precoce e mantenha o substrato úmido. Use rede para proteção contra pássaros.

Colheita e armazenamento
Colha as raízes quando elas estiverem do tamanho de uma bola de golfe. Elas podem ser consumidas frescas, raladas cruas ou cozidas, assim como preparadas na forma de picles ou de conserva. Consuma as folhas como se fossem uma acelga (veja p. 113).

ESPÉCIE *Beta vulgaris* L.

Quanto mais espaço você der às beterrabas quando desbastar as mudas, maiores serão as raízes que colherá.

A beterraba é uma das poucas culturas que produzem duas colheitas verdadeiramente deliciosas: as folhas e as raízes.

Cenouras

Cenouras cultivadas em casa são doces e se desenvolvem muito bem em vasos, ficando mais altas e assim evitando a mosca da cenoura, que voa baixo. As inúmeras variedades de raízes curtas e de crescimento rápido possibilitam que você semeie a cenoura entre outros vegetais ou plante enquanto aguarda pela produção de outra cultura.

Requisitos básicos
Cultive em recipientes, bacias ou tinas com 20 cm de profundidade ou mais. Use substrato para uso geral sobre uma camada de pedriscos para fornecer às cenouras um meio leve e bem drenado.

Técnicas de plantio
1 Para safras de meia-estação, plante as sementes a partir de meados da primavera até meados do verão (veja p. 105).
2 Semeie de modo esparso para reduzir o desbaste futuramente – misturar as sementinhas com areia ajuda e também fornece drenagem extra.
3 Semeie fileiras curtas e sucessivas no intervalo de algumas semanas para uma produção contínua.
4 Embora sejam resistentes à seca, mantenha as plantas irrigadas para evitar que as raízes fiquem lenhosas. Nutra com regularidade.

Resolução de problemas
A mosca da cenoura é atraída pelo perfume de folhas amassadas e tocadas, portanto pegue nas plantas o mínimo possível. Desbaste as cenouras, regue e colha no fim do dia, quando essas pragas são menos ativas.

A menos que esteja colhendo toda a produção de cenoura de uma vez só, evite erguê-las durante o dia, quando as moscas estão por perto. Espere até de noite, quando as chances de ataque são menores.

Colheita e armazenamento
Colha as variedades precoces 12 semanas após o plantio, e as de ciclo normal, 16 semanas após. Cenouras frescas são mais saborosas; algumas podem também ser armazenadas em saco de papel, em caixas de areia úmida ou congeladas depois de branqueadas.

ESPÉCIE *Daucus carota* L.

Dicas práticas

- Ludibrie a moscas da cenoura, de voo baixo, plantando as cenouras em vasos cuja altura seja de 60 cm ou mais; ou faça barreiras com manta ao redor da planta nessa mesma altura, ou erga os vasos.
- Variedades de ciclo normal são as melhores opções quando se quer armazenar a safra.

Férteis beterrabas

Beterrabas são extremamente simples de cultivar, saborosas e constituem uma bela cultura com suas folhas frescas e verdes, marcadas com veias e hastes vermelhas. Quando semeadas pertinho uma da outra, elas quase saltam do vaso, pedindo para serem colhidas!

Há muitas outras variedades de beterraba além das raízes redondas, de cor vermelho-rubi, com as quais estamos acostumados. Há variedades brancas, listradas, amarelo-ouro e tipos compridos e cilíndricos. São todas cultivadas da mesma maneira, embora seja melhor escolher as arredondadas quando se tratar de cultivo em vaso. Semeie a partir de meados da primavera até meados do verão. Entretanto, se não puder esperar, plante dentro de casa em células de bandeja ou sob campânulas.

Para que colha sempre, semeie um vaso no intervalo de algumas semanas e coloque os vasos num lugar ensolarado, embora as beterrabas tolerem um pouco de sombra.

A maioria das sementes de beterraba é um agrupamento de duas ou três, e isso significa que, logo depois de germinadas, precisarão de desbaste para que as mudas tenham espaço de sobra para se desenvolver. Faça isso cortando o excesso de mudas com tesoura para não perturbar aquelas que permanecem no vaso. Quando as mudas tiverem cerca de 2 cm de altura, raleia-as de novo, deixando um espaçamento definitivo de 5 cm a 10 cm – quanto mais perto ficarem, menores serão suas raízes.

Quando for colher, puxe cada planta pelas folhas e em seguida gire a folhagem em vez de cortá-la com uma faca – isso reduz a quantidade de seiva vermelha exsudada pela beterraba. Você pode usar as raízes de inúmeras maneiras (veja p. 100). As folhas novas combinam com saladas, e as mais velhas podem ser refogadas como se faz com o espinafre.

As beterrabas se desenvolvem muito bem em vasos, desde que sempre irrigadas. Regue bastante, principalmente em climas secos e quentes e quando as raízes estão começando a crescer.

HORTALIÇAS

Plantando sua semente de beterraba

Material necessário

- Vaso de barro com pelo menos 20 cm de diâmetro e de profundidade;
- Substrato à base de argila ou para uso geral;
- Material de drenagem, como: pedaços de isopor, pedriscos ou cacos de vaso de barro (veja p. 15);
- Sementes de beterraba (veja p. 100);
- Fertilizante líquido balanceado.

1 Revista a base do vaso com material de drenagem. Encha com substrato, assentando com a ponta dos dedos. Deixe 5 cm de intervalo entre a superfície do solo e a borda do vaso.

2 Regue o substrato antes de semear para que as sementes não sejam carregadas. Plante as sementes de modo esparso sobre a superfície do substrato. Cubra com 2 cm de substrato. Depois de semear, regue com uma mangueira de modo que não perturbe muito as sementes.

3 Mantenha o substrato úmido. As mudas devem despontar dentro de algumas semanas. Desbaste-as com frequência, assim, quando estiverem com 2 cm de altura, terão um espaçamento de 5 cm. Mantenha suas plantas bem irrigadas e nutridas.

4 Colha raízes tenras e pequenas quando estiverem do tamanho de uma bola de golfe, puxando-as com força pelas folhas e tomando cuidado para não perturbar as plantas restantes. Esse processo dará espaço para que as outras raízes se desenvolvam mais.

Cenoura e cebolinha

Cenoura é uma das culturas mais fáceis de se produzir em vaso, já que é possível preparar um substrato leve e de excelente drenagem, exatamente como essa planta precisa. Além disso, basta erguer o vaso sobre uma mesa para que cresça bem, longe das temidas moscas da cenoura. Frutos do gênero *Allium* costumam ser usados para mascarar o perfume das folhas de cenoura e protegê-las das moscas de cenoura, portanto, plante uma fileira de cebolinha-francesa (*A. schoenoprasum*) ao redor da borda do vaso.

O melhor jeito de cultivar cenouras é em seu vaso definitivo, uma vez que, como todos os vegetais tuberosos, elas detestam ser perturbadas e o transplantio pode feri-las. Espere até a primavera para plantar, quando as temperaturas estão mais amenas, pois as sementes não germinarão sob temperaturas abaixo de 5 °C e, quanto mais fria a temperatura, mais pálidas e pequenas serão essas raízes. Coloque o vaso num local quente e protegido e mantenha-o sempre irrigado para otimizar a germinação. Semear um vaso como esse a cada três semanas garantirá uma produção contínua ao longo do verão, em lugar de um excesso de raízes de uma vez só.

Na constante batalha contra as pragas e doenças das plantas, é sempre uma boa ideia cultivar mais de uma cultura no mesmo espaço, e não como uma monocultura. Quando *Alliums*, como cebolas, alhos e cebolinhas-francesas, são cultivados com cenouras, o forte odor acebolado desses vegetais mascara o perfume das folhas e das raízes, que podem escapar da atenção das moscas. Além disso, ao cultivar cebolinha-francesa com cenouras, você estará ganhando uma segunda colheita com um toque acebolado, que poderá ser usada em saladas ou com batatas. As flores comestíveis da cebolinha-francesa (veja p. 140) também são adoradas pelas abelhas e ajudarão a atrair essas úteis polinizadoras para seu jardim (veja p. 24).

Cenouras e cebolinhas-francesas são uma combinação ideal. Como estas são plantas perenes e podem ficar no vaso, você precisa replantar apenas as cenouras para ter uma produção contínua durante a estação de crescimento.

HORTALIÇAS

Como plantar cenouras e cebolinhas-francesas

Material necessário
- Mudas de cebolinha-francesa;
- Vaso de barro esmaltado de 20 cm ou mais de diâmetro;
- Pedriscos para drenagem;
- Substrato para uso geral;
- Sementes de cenoura;
- Areia para horticultura ou areia grossa.

1 Regue as cebolinhas nos respectivos vasos. Em seguida, remova-as desses recipientes e divida em porções menores, assim terá o bastante para espalhar em volta do novo vaso. Faça isso separando a planta com os dedos, primeiro na metade, e em seguida na metade outra vez ou em terços.

2 Revista a base do vaso com bastante pedrisco. Então encha com substrato até dois terços. Coloque as porções da cebolinha-francesa espaçadas por igual ao redor da borda do vaso e preencha em volta delas com substrato. Encha o vaso com mais substrato, deixando um intervalo de 5 cm até a borda.

3 Regue. Em seguida, misture as sementes de cenoura com areia e espalhe sobre a superfície vazia do substrato. Pulverize mais substrato sobre as sementes. Mantenha-o úmido para ajudá-las a germinarem. Essas plantas são bem resistentes à seca, mas não descuide da rega quando o clima estiver seco demais.

4 Dê espaço às novas cenouras colhendo algumas quando ainda muito jovens (veja p. 101). Elas podem ser consumidas inteiras na salada. Colha as folhas da cebolinha-francesa quando preciso e o restante das cenouras quando estiverem maiores.

Pastinacas (ou chirívias)

Pastinacas requerem paciência, pois são um pouco difíceis de germinar e têm crescimento lento, mas são de fácil manipulação. Você pode plantá-las em um vaso e esquecê-las ou semeá-las em linhas com outros vegetais de crescimento mais rápido, como rabanetes e alfaces. As pastinacas podem ser deixadas na terra até quando você precisar delas, enquanto as baixas temperaturas transformam seus amidos em açúcares. Mas não deixe por muito tempo para que não fiquem lenhosas e insossas.

Requisitos básicos
Como as pastinacas precisam de profundidade e de espaço para que suas folhas cresçam, plante apenas em vasos, tinas ou bacias grandes, com 40 cm ou mais de profundidade. Misture areia com substrato à base de argila ou substrato comum na proporção 1:3.

Técnicas de plantio
1 Plante três sementes num espaçamento de 25 cm, mas não cedo demais – semeaduras do fim de inverno são mais propensas a darem errado que as da primavera.

2 Quando as mudas estiverem com 2 cm de altura, desbaste, deixando uma muda a cada 15 cm.

3 Regue bem, mantendo o substrato úmido para evitar que as raízes rachem.

Resolução de problemas
Graças aos cultivares resistentes à doença causada pelo fungo *Itersonilia pastinaceae*, espera-se que as pastinacas não apresentem problemas.

Colheita e armazenamento
Pastinacas estão prontas para serem colhidas quando suas folhas começam a morrer, entre meados e fim do verão. Mas é comum que sejam colhidas depois da primeira geada e ao longo do inverno, conforme a necessidade. Descasque e cozinhe esses vegetais frescos, ou descasque, corte e branqueie antes de congelar.

ESPÉCIE *Pastinaca sativa*.

As pastinacas podem ser deixadas no vaso até quando você precisar delas. Quanto mais tempo elas ficarem no solo, maiores são as chances de serem atacadas pela mosca da cenoura.

Dicas práticas
- Use sementes frescas todos os anos, pois elas não são viáveis por muito tempo.
- Se quiser plantar no fim do inverno, aqueça o solo com campânulas antes de semear e não tire-as até que as mudas estejam bem formadas.

Rabanetes

Nada é mais rápido ou fácil de cultivar do que rabanetes, perfeitos para cultivo em vaso. Há variedades de verão, crocantes e doces, que podem ser colhidas em menos de um mês, e tipos maiores e mais resistentes de inverno, cultivados até o fim do verão.

Requisitos básicos

Plante as variedades de verão em vasos de 10 cm de profundidade, e as de inverno, em vasos de 20 cm, contendo substrato à base de argila ou substrato para uso geral.

Técnicas de plantio

1 Semeie entre o início da primavera e o fim do verão num local aberto e ensolarado. As variedades de verão suportam alguma sombra.

2 Semeie as variedades de verão de modo esparso; plante as sementes das variedades de inverno num espaçamento de 20 cm.

3 Mantenha o substrato úmido e nutra com regularidade.

Dicas práticas

- Para uma produção precoce, aqueça o substrato com campânulas antes de semear no fim do inverno.
- Semeie as variedades de verão com cerca de 2,5 cm de espaçamento entre elas e provavelmente não precisará desbastar as mudas.

Resolução de problemas

Os besouros-saltadores podem causar grande estrago na plantação, salpicando as folhas das mudas novas com furinhos (veja p. 35). É melhor proteger as plantas com rede. Controle lesmas e caracóis (veja p. 32). Não deixe que o solo resseque, para evitar que as raízes rachem ou floresçam prematuramente.

Colheita e armazenamento

As variedades de verão são melhores quando colhidas ainda imaturas e consumidas logo em seguida. Deixe no solo as de inverno até quando precisar delas, ou colha antes das geadas e armazene. Para obter vagens comestíveis, espere a planta florescer e colha as vagens quando crocantes e verdes.

ESPÉCIE *Raphanus sativus* L.

Desbaste a planta do rabanete para dar espaço para as raízes se desenvolverem, ou raleie o vegetal mais tarde, colhendo as raízes quando ainda jovens.

O rabanete tem um sabor picante. Consuma fresco, recém-colhido do vaso, picado na salada.

Alhos-porós

O alho-poró é um dos melhores vegetais de inverno e, se tomadas as medidas corretas, não é difícil produzi-lo. Existem variedades especiais que podem ser colhidas ainda pequenas ou deixadas no solo para crescer como uma variedade normal.

Requisitos básicos
Misture matéria orgânica e substrato na proporção de 1:3, respectivamente, em um vaso grande, de 20 cm de profundidade ou maior. Os sacos de cultivo são rasos demais para esse vegetal. Variedades *baby* podem ser plantadas em vasos um pouco menores.

Técnicas de plantio
1 Na primavera, semeie o alho-poró no vaso definitivo em um espaçamento de 10 cm a 15 cm. Não se preocupe em transplantá-lo, como faria em campo aberto. Semeie durante toda a estação de crescimento, no intervalo de algumas semanas, uma fileira da variedade *baby* com 3 cm de espaçamento.

2 Deixe um espaço pouco antes da borda e preencha com substrato aos poucos, conforme o alho-poró cresce, para deixar os talos brancos.

3 Regue em clima muito seco.

4 Faça adubação de cobertura com fertilizante rico em nitrogênio entre meados e fim do verão.

Resolução de problemas
O alho-poró sofre dos problemas comuns à família da cebola, como ferrugem, embora seja apenas superficial. A ferrugem é decorrência de umidade e pouca circulação de ar, portanto, não lote seus vasos de planta.

Colheita e armazenamento
Colha o alho-poró *baby* quando ele estiver da espessura de um lápis, erguendo-o do solo quando desejar. Colha as variedades de ciclo normal a partir do outono e consuma-as frescas. Não há razão de armazená-las, pois podem permanecer no solo até a primavera seguinte, se ainda tiver sobrado alguma!

ESPÉCIES *Allium ampeloprasum* L. e *A. porrum*.

Se você plantar o alho-poró em um canteiro ou em um vaso grande, sempre terá uma boa colheita.

Dicas práticas
- Quando estiver cobrindo em volta dos talos para deixá-los brancos, tente não derrubar terra entre as folhas.
- Caso tenha problemas com a traça da cebola em sua região, cubra as plantas jovens com manta para impedir que traças adultas depositem seus ovos nas folhas.

Cebolas e echalotas

Procure variedades doces e vermelhas, echalotas e cebolinhas menos comuns (veja p. 110). Plante uma ou duas fileiras em uma bacia grande ou semeie no meio de outras culturas. As echalotas darão uma farta produção de bulbos pequenos e as cebolinhas, uma produção ainda maior e bulbos menores – são também uma excelente cultura intercalar.

Requisitos básicos
Para uma produção razoável, use um recipiente com 20 cm, ou mais, de profundidade. Aplique fertilizantes específicos para cebola a uma mistura de substrato à base de argila com areia grossa (veja p. 111).

Técnicas de plantio
1 É mais fácil e rápido, com exceção da cebolinha, plantar esses vegetais a partir dos bulbos imaturos. Plante do começo até meados da primavera, com um espaçamento de 10 cm, ou no começo do outono. Coloque a extremidade em bico de cada bulbinho voltada para cima e a ponta aparecendo. Em seguida, regue. Plante as cebolinhas de tempos em tempos a partir do início da primavera.

2 As cebolas vão florescer se não forem irrigadas de modo apropriado, então, coloque cobertura vegetal para conservar a umidade e não deixe o solo ressecar. Nutra sempre as plantas.

Deixe as cebolas secando ao sol por algumas semanas para ajudar a curar a casca. Depois disso, estoque-as.

Resolução de problemas
Meios úmidos e superlotados favorecem o aparecimento de doenças causadas por fungos, como a ferrugem e o míldio, embora nenhuma delas seja devastadora. Evite regar a folhagem e garanta boa luminosidade e circulação de ar ao redor das plantas.

Colheita e armazenamento
As cebolinhas podem ser colhidas entre 8-10 semanas depois de semeadas. As cebolas e echalotas estarão prontas quando a folhagem ficar amarelada e caída. Deixe-as no solo por mais duas ou três semanas e, então, levante com cuidado usando um garfo de jardinagem. Seque ao sol antes de estocar em sacos ou bandejas em um local seco e fresco; elas durarão vários meses. Use as cebolas plantadas no outono logo em seguida.

ESPÉCIES cebola: *Allium cepa* L.; cebolinhas: *A. schoenoprasum* L., *A. fistulosum*; echalota: *A. cepa* var. *aggregatum*.

Uma simples caixa de cebolinha é uma forma rápida de você ter um sabor marcante de cebola para usar em vários pratos.

Dicas práticas
- Antes de plantar, remova as folhas soltas de todos os bulbinhos de cebola para que os pássaros não as comam.

HORTALIÇAS **109**

Allium quatro-por-quatro

O gênero *Allium* reúne alguns dos vegetais mais versáteis na cozinha, e todos os dias encontramos uma finalidade para cebolas, echalotas e cebolinha. Essas são culturas muito divertidas e fáceis de plantar. Formam um recipiente interessante com suas folhas verde-azuladas, pontudas e voltadas para cima e, neste projeto, estão ainda mais atraentes, contrastando com o preto opaco do cesto de pneu reciclado.

Se o espaço for pequeno, escolha algumas opções de cebola vermelha, echalotas e uma pequena quantidade de cebolinha, que, semeadas sucessivamente, deixarão você abastecido durante todo o verão. Cebolinhas semeadas no fim do verão poderão ser colhidas na primavera seguinte. Para um sabor suave, acrescente cebolinha-chinesa, que poderá ser colhida até o outono. Bulbinhos de cebola e de echalotas podem ser plantados no outono ou entre início e meados da primavera, dependendo da variedade. Plante os bulbinhos em solos bem drenados e coloque os vasos em um local ensolarado e protegido. Como nenhum tipo de cebola gosta de lugares encharcados, pois neles logo apodrece, é sempre interessante acrescentar areia grossa ao recipiente. Pare de irrigar quando as cebolas estiverem crescidas. Assim como as echalotas, elas estarão prontas para serem colhidas quando as folhas começarem a amarelar; deixe-as secando ao sol por alguns dias antes de usá-las ou armazená-las (veja p. 109). Depois de semeadas, as cebolinhas estarão prontas em oito semanas.

Acima: Quando estiverem da espessura de um lápis, colha as cebolinhas puxando-as gentilmente pelos talos. Elas são melhores quando consumidas frescas – acrescentam um sabor delicioso e marcante à salada.

À esquerda: Resista à tentação de superlotar sua cesta, pois, quando não há uma boa circulação de ar entre as plantas, as cebolas sofrem de doenças causadas por fungos.

HORTALIÇAS

Mix de cebolas em uma cesta de pneu reciclado

Material necessário
- Cesta de pneu reciclado;
- Furadeira;
- Pedriscos para horticultura;
- Substrato à base de argila;
- Fertilizante específico para cebolas;
- Areia de horticultura;
- Bulbinhos de cebola e de echalotas, planta jovem de cebolinha-chinesa e sementes de cebolinha.

1 Com uma furadeira, faça furos de drenagem na base de sua cesta de pneu reciclado. Em seguida, revista a base com uma generosa camada de pedriscos. Complete dois terços do recipiente com substrato e um pouco de fertilizante, então, coloque mais pedriscos até quase o fim da cesta – deixe um intervalo de 5 cm a 10 cm para irrigação.

2 Misture os pedriscos ao substrato de forma homogênea e assente com a ponta dos dedos. Em seguida, com a areia, desenhe os quadrantes. Enterre com cuidado os bulbinhos de cebola e de echalota no substrato – cada um em seu quadrante. Certifique-se de deixar a ponta para fora da superfície e regue.

3 Plante as cebolinhas-chinesas na primavera e semeie as cebolinhas de modo esparso, alocando cada quadrante para uma cultura. Regue.

4 Sempre identifique as culturas, especialmente quando forem similares. A cada dez ou catorze dias, quando as plantas estiverem formadas, faça adubação de cobertura com fertilizante para cebolas e regue. Durante o crescimento, regue com regularidade.

5 Echalotas devem estar prontas entre meados e fim do verão, quando as folhas começarem a murchar e amarelar (veja p. 109). Deixe-as no substrato por 2-3 semanas antes de colhê-las. Seque esses vegetais ao sol por alguns dias e então use-os ou armazene-os.

Alho

Há basicamente dois tipos: o alho da subespécie sativum, que pertence às variedades de ramas flexíveis e pendentes, produz muitos dentes pequenos e, quando armazenado, não estraga; e o alho da subespécie ophioscorodon, que pertence às variedades de haste floral rígida e produz dentes bem maiores. Os dois tipos quase não requerem manutenção depois de plantados e se desenvolvem muito bem quando sozinhos no vaso ou em combinação com outros vegetais.

Requisitos básicos
Plante em um vaso grande de 40 cm de largura, contendo partes iguais de substrato à base de argila, pedriscos e substrato caseiro.

Dicas práticas
- Se a planta começar a florescer, corte fora a inflorescência para que ela canalize a energia para a produção de bulbos.
- Os bulbos podem começar a brotar e talvez apodreçam se armazenados por muito tempo.
- Não tente plantar os dentes de alho dos supermercados – é grande a chance de você se decepcionar. Eles são suscetíveis a viroses e provêm de variedades mais tenras.

Técnicas de plantio
1 Quebre os bulbos e plante cada dente logo abaixo da superfície do substrato. Regue bem. Um lugar mais fresco ajudará no desenvolvimento dos bulbos.

2 Em períodos muito secos, regue o alho sem exagerar. Pare de regar quando a folhagem começar a amarelar, o que significa que os bulbos estão ficando maduros.

Resolução de problemas
Cubra as plantas com manta para impedir que os pássaros as biquem. Longos períodos de clima úmido podem causar a ferrugem ou a podridão do alho. Não coloque muitas plantas em um mesmo vaso, porque isso prejudica a boa circulação de ar ao redor delas.

Colheita e armazenamento
Se desejar um alho verde, colha os bulbos no começo do verão; se desejar mais maduros, colha quando as folhas amarelarem. Você pode também colher as folhas verdes mais cedo e usar na salada. O alho da subespécie ophioscorodon possui inflorescências ornamentais comestíveis. Tire os bulbos da terra com o garfo e armazene-os em gavetas de madeira ou faça tranças com as ramas dos alhos da subespécie sativum e pendure em um local fresco para secar.

ESPÉCIE *Allium sativum* L.

O alho se desenvolve melhor quando plantado no fim do outono ou no começo do inverno; na Europa, é comum plantar os bulbinhos nos dias mais curtos do ano, em dezembro.

Depois de colhidos, deixe os alhos secando ao sol por alguns dias antes de armazená-los em ambiente fechado e fresco.

Acelga

A acelga é uma cultura muito ornamental e fica fantástica em vasos. É difícil errar com essa hortaliça que é extremamente resistente e pode durar quase o inverno inteiro, quando chega a hora de plantar uma nova cultura, na primavera seguinte.

Requisitos básicos
Use vasos de 20 cm ou mais de profundidade, pois a acelga possui uma raiz pivotante longa. Escolha recipientes grandes ou tinas em vez de sacos de cultivo. Use substrato para uso geral ou à base de argila, mas acrescente algumas colheradas de substrato caseiro ou adubo na base do vaso para nutrir as raízes.

Técnicas de plantio
1 Em meados da primavera, semeie de modo esparso, a 2,5 cm de profundidade. Coloque o vaso em um local aberto e ensolarado. Se você tiver espaço suficiente, semeie de novo em meados do verão visando uma colheita na primavera seguinte.

2 Coloque cobertura vegetal para conservar a umidade e não deixe que o substrato resseque. Nutra com regularidade.

3 Em regiões de clima temperado frio, as plantas talvez precisem ser protegidas com palhas e manta durante o inverno.

Resolução de problemas
A acelga é uma planta resistente e geralmente não apresenta problemas.

Colheita e armazenamento
Já comece a colher as folhas e as hastes dez semanas depois da semeadura. Colha sempre e, quando for necessário manter a produção de novas folhas, corte as folhas mais externas primeiro, quando ainda estiverem imaturas e tenras. A acelga pode ser armazenada por alguns dias na geladeira, mas não suporta o congelamento.

ESPÉCIE *Beta vulgaris* L. var. *cicla*.

A acelga é uma planta diferente, ornamental, que está sempre produzindo folhas e hastes comestíveis para serem usadas quando e como você quiser.

Dicas práticas

- Se as plantas florescerem, a haste da flor pode ser preparada e consumida da mesma maneira que o brócolis.
- Embora a acelga tolere alguma sombra, ela é mais produtiva quando deixada sob luz solar direta.

Espinafre

As folhas do espinafre podem ser colhidas ainda pequenas e usadas cruas na salada; a planta rebrotará. Se deixar as folhas crescerem mais, elas precisarão ser cozidas. O espinafre da Nova Zelândia, mais comum no Brasil, embora não seja um espinafre verdadeiro, tem quase o mesmo sabor e se desenvolve muito bem em regiões quentes, onde os tradicionais florescem prematuramente.

Requisitos básicos
Use substrato à base de argila misturado a um fertilizante de liberação lenta e pedriscos em um vaso com 20 cm de profundidade.

Técnicas de plantio
1 Semeie esparsamente, a cada duas semanas, entre o início da primavera e do outono, conforme a variedade.

2 Coloque o vaso em um local parcialmente sombreado ou plante o espinafre entre culturas mais altas, para mantê-lo fresco e não ressecar o substrato.

3 Desbaste as mudas apenas quando se tratar de cultivares de folhas grandes.

4 Mantenha as plantas bem regadas e nutridas.

5 Proteja culturas de inverno com manta.

Resolução de problemas
Essa cultura costuma ser livre de problemas, com exceção aos danos causados por lesmas e caracóis nas mudas (veja p. 32). As plantas podem florescer precocemente se o substrato estiver seco.

Dicas práticas

- Como o espinafre floresce prematuramente com grande facilidade, pare de semear a partir do início do verão, quando o clima seco pode ser um problema. Plante variedades de inverno no fim do verão.
- Para evitar que as folhas tenham um sabor amargo, aplique bastante fertilizante ou matéria orgânica ao substrato no momento do plantio.

Colheita e armazenamento
Sempre colha as folhas quando elas estiverem grandes o suficiente para serem consumidas, assim você estará estimulando futuras colheitas. Coma logo em seguida; não tente congelar o espinafre.

ESPÉCIES europeu: *Spinacea oleracea* L.; da Nova Zelândia: *Tetragonia expansa*.

É preferível plantar o espinafre no começo da estação para evitar seu florescimento precoce, o que ocorre com frequência em climas secos e quentes.

Colha as folhas novas e frescas do espinafre para usar em saladas e sanduíches ou refogue-as rapidamente.

Ruibarbo

O ruibarbo tem uma bela aparência. Embora careça de um recipiente grande, pode ser cultivado em ambiente limitado. É uma planta fácil que requer pouca manipulação, responde bem a descuidos e é completamente robusta e perene. Se receber uma assistência a mais, é capaz de produzir por um longo período.

Requisitos básicos
Em um vaso de 60 cm de largura e 60 cm de profundidade contendo vários furos de drenagem – latas de lixo velhas são ideias –, plante uma coroa de ruibarbo.

Técnicas de plantio
1 As coroas novas ou as maduras repartidas produzem as melhores plantas.

2 Plante a partir de meados do outono até fim do inverno com a ponta de crescimento sobre a superfície do substrato ou logo abaixo dela (veja p. 117). Regue bem.

3 Coloque o vaso em local ensolarado, livre de geadas.

4 Na primavera, cubra com matéria orgânica curtida para reter a umidade, tomando cuidado para não enterrar a coroa. Regue e nutra a planta com frequência.

5 Permita que a folhagem morra progressivamente no outono. Em seguida, retire-a para expor a ponta de crescimento (o meristema apical) ao frio do inverno.

Resolução de problemas
Repare se há na planta folhas frágeis e um crescimento deficiente, indicativos da doença da podridão da coroa, causada por fungo. Desenterre e descarte as plantas infectadas.

Colheita e armazenamento
Arranque as hastes com um movimento circular (veja p. 116) em vez de cortá-las, para não deixar para trás um toco que apodrecerá. Da primavera a meados do verão, colha apenas metade das hastes de uma vez. Para uma colheita precoce de hastes rosas e tenras, encoraje o amadurecimento artificial das plantas, em meados até fim do inverno, cobrindo-as com uma camada de palha e um balde ou uma lata de lixo de cabeça para baixo. Ruibarbo pode ser consumido cru, cozido ou congelado após o cozimento.

ESPÉCIES *Rheum rhabarbarum e R. x hibridum*.

Dicas práticas

- Retire todas as inflorescências que aparecerem.
- No primeiro ano, não colha o ruibarbo, e, no segundo colha apenas um pouco da produção para evitar que a coroa enfraqueça.
- Caso encoraje o amadurecimento artificial do ruibarbo na primavera, deixe a planta se recuperar durante o resto da estação. Você pode colher novamente no ano seguinte.
- Depois de cinco anos, divida as plantas, repartindo a coroa em fatias com uma pá.

A planta de ruibarbo proporciona um toque exótico com suas folhas grandes e coriáceas e hastes vermelho-vivas. Retire as folhas exauridas para que a planta pareça sempre nova.

Colheitas de ruibarbo

Essa linda cultura fica fantástica em vaso, fornecendo certa exuberância a um canto apagado. Entretanto, o ruibarbo precisa de um recipiente grande para crescer e velhas latas de lixo são particularmente úteis, podendo ser pintadas de um modo atraente.

As melhores plantas de ruibarbo vêm de coroas novas, mas é preciso exercitar a paciência, pois não podem ser colhidas no primeiro ano. Afora isso, esse vegetal não exige muito – dê-lhe fertilizantes e água e valerá a pena esperar pelas colheitas subsequentes. Por ser uma planta de raiz profunda, as latas de lixo são uma boa opção de recipiente, mas uma única coroa também se desenvolverá bem em um vaso grande de 60 cm de largura por 60 cm de profundidade. Como o ruibarbo é uma planta voraz, forneça uma quantidade generosa de matéria orgânica no plantio e mantenha-o bem regado no verão. Cobrir com cobertura vegetal na primavera ajuda a reter água no solo (veja p. 115). O ruibarbo detesta ficar em solos frios e molhados, por isso não exagere na rega durante o inverno. Como produz folhas e não frutos, ela precisa de fertilizantes ricos em nitrogênio; assim sendo, estimule seu crescimento na primavera aplicando um fertilizante de liberação lenta. Além disso, essas plantas precisam de um inverno gelado para terem uma boa produção de hastes, por esse motivo, remova a folhagem logo que começarem a morrer, para expor a coroa ao frio.

Acima: Colha o ruibarbo arrancando a haste entre o fim da primavera e o fim do verão, pegando apenas algumas por vez para não enfraquecer a planta.

À esquerda: O ruibarbo cresce bem em qualquer recipiente grande, profundo e de boa drenagem. Não se esqueça de regar bastante durante longos períodos de seca.

HORTALIÇAS

Como plantar ruibarbo

Material necessário
- Fita crepe e furadeira;
- Lata de lixo;
- Material de drenagem (veja p. 15);
- Substrato à base de argila;
- Adubo curtido ou substrato caseiro;
- Coroa de ruibarbo.

1 Distribua pedaços de fita crepe de forma homogênea ao redor do fundo da lata para impedir que sua furadeira escorregue, e fure até a base. Em seguida, revista o fundo com material de drenagem.

2 Misture bem duas partes de substrato a uma parte de esterco ou substrato caseiro. Encha três quartos da lata com essa mistura.

3 Plante a coroa de ruibarbo, tomando cuidado para não colocá-la fundo demais – a ponta de crescimento (meristema apical) deve ficar sobre ou logo abaixo da superfície do composto. Regue bem e coloque cobertura morta, mas tome cuidado para não enterrar a coroa.

4 Nutra e regue com frequência no período de crescimento. Mantenha as plantas secas no inverno. A cada primavera, renove a cobertura morta; faça isso depois de regar para conservar a umidade.

5 Deixe o ruibarbo se formar durante sua primeira estação de crescimento e, na segunda, colha apenas algumas hastes (veja p. 115).

Feijão e feijão-da-espanha

Feijões praticamente se desenvolvem sozinhos e produzem tanto que não é preciso plantar muitos. Além de serem fáceis de cultivar, ficam belos quando conduzidos sobre um tripé em um vaso.

Requisitos básicos
Como os feijões são plantas exigentes em nutrientes, você precisará de partes iguais de esterco curtido e substrato à base de argila. Use o maior vaso que puder: com pelo menos 20 cm de profundidade por 60 cm de diâmetro para os feijões rasteiros; e 15 cm de profundidade por 30 cm de diâmetro para o feijão-comum.

Técnicas de plantio
1 Feijões são sensíveis ao frio, por isso plante-os ao ar livre só no fim da primavera ou início do verão.

2 Coloque o vaso em um local ensolarado e protegido.

3 Tutore todas as variedades – menos as trepadeiras anãs – sobre tripés, varetas ou treliças, e ajude as plantas jovens amarrando suas hastes suavemente ao suporte, até que consigam trepar sozinhas (veja p. 121).

4 Mantenha o substrato sempre úmido e coloque cobertura vegetal no início do verão para conservar a umidade.

5 No verão, nutra as plantas todas as semanas com fertilizante rico em potássio (veja p. 124).

Resolução de problemas
Lesmas e caracóis adoram as mudinhas, portanto impeça que se aproximem delas (veja p. 32). Qualquer multidão de afídeos no começo do verão pode ser destruída com as mãos (veja p. 34), e acredita-se que plantar cravo-de--defunto no vaso afasta os afídios. Use substrato novo todos os anos para evitar a podridão do pé e da raiz causada por fungo.

É possível que os pássaros biquem as flores do feijão-da--espanha, preferindo as vermelhas às brancas.

Colheita e armazenamento
Colha o feijão-da-espanha quando ele estiver com 15 cm a 20 cm de comprimento e antes de encontrar feijões crescidos dentro das vagens. O feijão-comum estará pronto com 10 cm de comprimento. Ambos podem ser branqueados e congelados, consumidos na forma de picles ou *chutneys*. O feijão-comum maduro deve ser desidratado antes de armazenado, e o semi-maduro pode ser consumido fresco ou desidratado.

ESPÉCIES feijão: *Phaseolus vulgaris*; feijão-da-espanha: *P. coccineus*.

Hestia é um cultivar arbustivo e anão do feijão-da-espanha que foi criado especificamente para o plantio em vaso e em recipientes.

Dicas práticas
- Falta de umidade causa uma produção ruim, portanto, regue bem e com regularidade.
- Pulverize com água as flores do feijão-da-espanha para ajudar que se formem.
- Quanto mais você colher, mais seu feijoeiro vai produzir; por isso, colha sempre.

Favas

Há muito tempo que as favas são as preferidas de uma horta, uma espécie deliciosa e de fácil cultivo em vaso, especialmente se você escolher uma das variedades anãs, que chega à metade da altura das outras. Todas as favas são excelentes quando colhidas novas, tenras e doces, e basta cultivá-las em casa para tê-las em seu melhor ponto.

Requisitos básicos
Como a raiz pivotante das favas é longa, elas precisam de um vaso com 20 cm ou mais de profundidade, e com boa drenagem. Quanto maior o vaso, maior será a colheita. Use substrato à base de argila.

Técnicas de plantio
1 Variedades resistentes podem ser plantadas no outono, do contrário, a época principal de semeadura é entre o início e o fim da primavera.

2 Plante as sementes a 5 cm de profundidade, 15 cm a 20 cm umas das outras. Coloque o vaso em pleno sol.

3 Estaque as plantas maiores com varas e barbantes ou com gravetos compridos à medida que crescem.

4 Mantenha o substrato sempre úmido. Regue bem, principalmente quando as plantas começarem a florescer, e nutra com regularidade.

Resolução de problemas
A "mancha chocolate" pode aparecer sobre as folhas de plantas muito próximas umas das outras, em clima quente e úmido. É um problema superficial, assim como o chanfro das folhas causado pelos carunchos do feijão e da ervilha. Cubra os vasos até as sementes germinarem, para protegê-las de ratos. Além disso, proteja os brotos imaturos das lesmas (veja p. 32). Retire com as mãos os afídeos do feijão-preto (veja p. 34).

Colheita e armazenamento
As favas podem ser consumidas de vagens pequenas e mais finas a grãos graúdos, que precisam ser descascados. Colha sempre e coma-as frescas, ou congele após o branqueamento.

Dicas práticas

- Ao semear no outono, você sempre estará um passo à frente dos afídeos; em regiões de clima temperado frio, proteja as plantas com campânula ou manta durante o inverno.

- Logo que as vagens começarem a se formar, arranque o topo (primeiros 7,5 cm) das plantas. Isso fará com que a energia seja canalizada para as vagens e removerá a parte de que os afídeos do feijão-preto gostam. (O topo é delicioso refogado na manteiga, não o descarte.)

Diferindo de favas compridas e que tendem a tombar, o cultivar Robin Hood, comum na Europa, é de pequeno porte e ideal para o cultivo em recipientes.

ESPÉCIE *Vicia faba*.

Feijões e girassóis

Feijão-da-espanha e girassóis são algumas das culturas mais gratificantes para se plantar juntas, pois demandam apenas um suprimento regular de água em troca de flores lindas e produções generosas de feijão, formam uma combinação maravilhosa e se desenvolvem muito bem neste grande vaso quadrado de granito. Também constituem um ótimo projeto para as crianças, que adoram plantar a semente grande e observar seu crescimento.

Semeie o vaso em um lugar iluminado e protegido quando tiverem passado as geadas. Espalhe as sementes na superfície, plantando duas em cada espaço para o caso de uma não vingar, e deixe um espaçamento de pelo menos 10 cm entre as sementes de girassol e de feijão, assim elas terão espaço suficiente para se desenvolver. Em um vaso de 40 cm de largura, podem ser cultivadas seis plantas de cada espécie.

Parece que os feijões preferem trepar sobre girassóis em vez de varas de bambus – talvez eles se agarrem com mais facilidade às hastes felpudas do que aos bambus lisos. Entretanto, é uma boa ideia estacar os girassóis com varas caso eles fiquem sobrecarregados pelos feijões. Os feijões também podem usar as varas para se apoiar. Utilize varas pequenas quando as plantas estiverem no início do crescimento e, depois, substitua por maiores, cuja altura deve ser pelo menos a mesma dos girassóis crescidos. Se o feijão aventurar-se sobre as primeiras varas pequenas, conduza-o gentilmente de volta à haste do girassol. Mas quando as varas maiores já tiverem sido colocadas, os feijões podem usá-las como suporte. Quando eles chegarem ao topo delas ou dos girassóis, remova a ponta de crescimento para impedir que cresçam mais e para estimular uma boa produção. Regar com frequência essas duas culturas sedentas é vital, principalmente quando os feijoeiros estão florescendo ou as vagens novas estiverem se desenvolvendo.

Quando as flores do girassol se abrirem, colha as pétalas e consuma em saladas, e ponha as sementes para secar, para seu consumo ou dos pássaros. Colha sempre os feijões – quanto mais o fizer, mais eles produzirão até a chegada das geadas no outono (veja p. 118).

Este vaso deslumbrante é de fácil cultivo, lindo e muito produtivo, fornecendo ao horticultor uma quantidade aparentemente infinita de feijão e impressionando com lindas flores.

HORTALIÇAS

Como plantar feijões com girassóis

Material necessário
- Vaso de granito quadrado, com 40 cm ou mais de diâmetro;
- Material de drenagem (veja p. 15);
- Substrato à base de argila;
- Sementes de feijão e de girassol;
- Varas de bambu – pequenas e compridas;
- Barbante de jardim.

1 Revista a base do vaso com material de drenagem e encha com substrato, deixando um intervalo de 5 cm entre a borda e o substrato. Umedeça o substrato. Semeie cada cultura de modo espaçado, colocando duas sementes por cova por precaução. Em seguida, regue.

2 Após a germinação, retire a muda mais fraca de cada cova. Conforme as plantas crescerem, enterre as varas no substrato para serem usadas como suporte pelos girassóis. Amarre-os com barbante. Cubra com substrato caseiro (veja p. 118).

3 Se por acaso um graveto solitário de feijão começar a escalar uma vara pequena, gentilmente conduza-o de volta à haste do girassol.

4 Quando os girassóis chegarem ao topo das varas pequenas, substitua-as por maiores para garantir que as flores tenham suporte quando os feijões começarem a pesar. Amarre-as bem. Se necessário, nebulize as flores do feijoeiro para ajudar que se formem.

5 Mantenha essas plantas bem irrigadas, especialmente quando aparecerem as flores; isso talvez signifique ter de regar de manhã e de noite em clima quente. Além disso, nutra-as com frequência. Pode as pontas de crescimento dos feijoeiros quando eles chegarem ao topo de seu suporte.

Ervilhas

Logo que colhidas, o açúcar das ervilhas começa a se transformar em amido, portanto, apenas quando cultivadas em casa é possível saborá-las em seu melhor ponto. Os brotos e as ponteiras são deliciosos em saladas – você pode até mesmo cultivar vasos de ervilhas apenas por causa deles. Variedades de ervilhas-tortas e *sugar snaps* são mais altas, mas brotam mais rápido.

Requisitos básicos
Plante em um vaso de 20 cm de profundidade ou mais; no entanto, alguns cultivares de vaso se desenvolvem em uma jardineira. Como precisam de boa drenagem, escolha substrato à base de argila e faça furos de drenagem.

Técnicas de plantio
1 Plante as ervilhas de sementes enrugadas e arredondadas entre o início da primavera e do verão em um espaçamento de 10 cm. Sementes arredondadas são mais resistentes e podem ser plantadas no outono. Distribua a semeadura ao longo de algumas semanas para evitar acúmulo de produção.

Dicas práticas

- Depois de regar, cubra com uma grossa camada de substrato para ajudar a reter a umidade.
- Colha as vagens tão logo estejam prontas, para estimular futuros florescimento e produção.

2 Coloque o vaso em um lugar aberto e ensolarado.

3 Variedades mais altas de ervilha precisam de um suporte para se agarrarem e subirem – gravetos, varas de bambu ou telas (veja p. 127).

4 Cuide da rega, principalmente depois da floração. Vagens novas precisam de muita umidade para se desenvolver bem. Nutra as plantas com regularidade.

Resolução de problemas
Use redes ou comece a plantar dentro de casa para proteger a hortaliça das pombas, que arrancam as folhas e destroem mudas novas, e dos ratos, que comem as sementes antes mesmo de germinarem. Evite as lagartas da mosca da espécie *Cydonia nigricana* semeando antes ou depois de meados do verão. Não se preocupe muito com os chanfros das folhas deixados pelos carunchos do feijão e da ervilha, pois eles não afetam a produtividade.

Colheita e armazenamento
Colha as variedades de ervilha-torta e *sugar snaps* assim que os grãos começarem a se desenvolver e consuma a vagem inteira. Nas outras variedades, tire as ervilhas da vagem e consuma-as cruas ou cozidas; ou congele logo em seguida.

ESPÉCIE *Pisum sativum* L..

Para uma produção longa e contínua de ervilhas frescas e doces, não pare de colher as vagens cheinhas para estimular o desenvolvimento de mais vagens.

Milho-doce

Por precisar de vento e do plantio em blocos para a polinização, o milho-doce pode ser de difícil cultivo em vaso. No entanto, se você dispuser de vasos grandes, vale a pena tê-lo em casa, pois poderá apreciar seu melhor ponto, uma vez que o açúcar começa a se transformar em amido assim que ele é colhido. Variedades míni são perfeitas, pois são colhidas antes de a polinização ocorrer.

Requisitos básicos
Plante cinco ou seis milhos-doces tradicionais em recipientes com 20 cm de profundidade por 60 cm de diâmetro. Vasos menores podem ser usados para as variedades míni. Kits com sacos de cultivo também podem ser encontrados. Misture três partes de substrato a uma parte de substrato caseiro ou matéria orgânica.

Técnicas de plantio
1 Semeie o milho-doce dentro de casa ou em estufa de vidro, pois precisa de calor para germinar. Leve para ambiente externo quando a temperatura atingir 10 °C e não houver geadas; ou cultive a partir de plantas jovens.

2 Plante as variedades tradicionais em grupos de pelo menos cinco plantas para que polinizem umas às outras. Coloque os vasos em um lugar ensolarado e protegido.

3 Irrigue bem os vasos. O milho-doce precisa de muita água, especialmente quando em recipientes.

Resolução de problemas
Costuma não apresentar nenhum problema.

Colheita e armazenamento
Colha a variedade míni um pouco antes de aparecerem as inflorescências machos. As variedades tradicionais estarão prontas quando as inflorescências estiverem marrom-ferrugem e os grãos soltarem uma seiva cremosa – experimente com o dedo (veja p. 124). Retire a espiga de milho da haste somente quando for consumi-la; do contrário, mantenha as folhas na espiga e leve-a rapidamente para a geladeira. Os grãos podem ser extraídos, branqueados e congelados. Pendure a espiga do milho-pipoca para secar antes de estourá-lo.

ESPÉCIES *Zea mays* var. *saccharata* e *Z. mays* var. *rugosa*.

Novas variedades de milho-doce, conhecidas como superdoces, têm níveis maiores de açúcar. A cultivar Sweet Pie, de maturação precoce, é uma delas.

Em meados da primavera, comece a plantar o milho-doce sob proteção, ou semeie ao ar livre depois das geadas.

Dicas práticas
- Coloque cobertura vegetal nas plantas para conservar a umidade e, para uma maior estabilidade, cubra toda raiz exposta com o substrato.
- A rega é vital para as plantas que estiverem florescendo. Aplique fertilizante líquido quando as espigas começarem a crescer.
- Ajude a polinização batendo de leve nas inflorescências quando elas surgirem.
- Se o espaço for pequeno, plante apenas um tipo de milho-doce, para evitar a polinização cruzada, que deixa os milhos menos saborosos.

Feijões e milho-doce

Inspirado pelo método dos povos nativos americanos de cultivo com culturas associadas, esse grande balde de plástico acomoda elegantes pés de milho-doce e de feijão-da--espanha anão. No sistema original, os feijões trepam no milho doce, mas, aqui, o hábito arbustivo dos feijões confere uma cobertura vegetal viva ao redor da base do milho, conservando as raízes frescas, os pés estáveis e o substrato úmido.

Em um vaso tão grande, é preferível reutilizar vasinhos de plástico como material de drenagem em vez de pedriscos e cacos. Esses vasinhos são leves e preenchem facilmente o fundo da bacia, reduzindo a quantidade de substrato necessária, o que facilita o transporte das plantas, caso necessário. O milho-doce é geralmente plantado em blocos e não em fileiras para facilitar a polinização (veja p. 123). Se o balde for grande o suficiente, elas não terão problemas para crescer. Próximo a cada vara, plante um feijão-da-espanha anão. Assim como as vagens, as flores também são comestíveis. Colha os feijões assim que estiverem formados, porque deixá-los na planta fará com que a produção cesse e sua colheita seja menor.

Plante diretamente a semente no fim da primavera ou no começo do verão, quando todo o perigo com geadas tiver passado. Coloque a bacia em um local iluminado e com sol, longe do vento, para que os insetos polinizadores alcancem sem problemas as flores do feijão. Irrigue bem essas culturas, principalmente quando estiverem florescendo e as vagens e espigas estiverem se formando. A partir desse estágio do desenvolvimento, aplique todas as semanas fertilizante rico em potássio. No verão, coloque cobertura morta ao redor das plantas (veja p. 118).

Acima: As espigas estarão prontas quando as inflorescências machos estiverem da cor marrom-ferrugem. Para saber se estão maduras, cutuque os grãos com o dedo: se sair uma seiva cremosa, estão; se a seiva for clara, deixe a espiga no pé por mais um ou dois dias.

À esquerda: A combinação de milho-doce e feijão no mesmo vaso é bastante frutífera; os feijões fornecem nitrogênio e proteção ao milho-doce, que, por sua vez, serve de estaca para os feijões e os sombreia, atraindo abelhas e outros insetos polinizadores.

HORTALIÇAS

Como plantar feijões com milho-doce

Material necessário
- Bacia grande de plástico com 50 cm de diâmetro;
- Material de drenagem (veja p. 15) ou velhos vasinhos de plástico;
- Substrato à base de argila;
- Sementes de milho-doce e de feijão-da-espanha anão.

1 Revista a base desse recipiente grande com vasinhos velhos de plástico ou uma generosa camada de material de drenagem.

2 Cubra os vasinhos com substrato, preenchendo a bacia até 5 cm antes da borda, para deixar espaço para a rega. Regue o substrato.

3 Plante duas sementes de milho em cada cova para garantir uma produção suficiente, caso alguma planta não germine. Seis ou sete plantas cabem bem num vaso desse tamanho, espaçadas de modo uniforme ao redor da borda e de través no centro.

4 Plante as sementes de feijão exatamente da mesma maneira, duas sementes por cova, perto das sementes do milho para que cresçam sobre as hastes do milho. Irrigue bem. Desbaste a muda mais fraca de cada cultura em todas as covas.

5 Regue e nutra as plantas com regularidade. Tanto os feijões como os milhos são vegetais exigentes em água e, em climas quentes, talvez precisem de rega duas vezes ao dia, de manhã e à noite. Consuma o milho-doce assim que for colhido (veja p. 123) e colha sempre os feijões (veja p. 118).

Um vaso de verão

Esta é uma combinação rápida e fácil que suprirá você de vegetais frescos durante várias semanas. Depois de semeada, a alface romana crespa leva cerca de oito semanas para crescer, seguida das ervilhas, entrelaçadas no centro do vaso, enquanto as beterrabas de cor vermelho-vivo podem ser colhidas tão logo atinjam o tamanho de uma bola de golfe.

A alface romana, com seu hábito de crescimento restrito e ereto, é uma boa opção quando se tem pouco espaço. Escolha qualquer variedade de beterraba arredondada em vez de tipos cilíndricos, que talvez tenham dificuldade para crescer na borda do vaso. Qualquer variedade da ervilha sem a vagem ou da torta pode ser usada nesse sistema.

No fim da primavera, semeie diretamente no vaso definitivo, colocando-o em um local aberto e ensolarado. Não queira semear mais cedo, pois as sementes de ervilha podem apodrecer em solos frios e úmidos. Regue o substrato antes de plantar e, para economizar tempo com futuros desbastes de mudas, plante as sementes de modo espalhado e exatamente no ponto onde você deseja que a planta cresça. Nutra o vaso com fertilizante líquido balanceado a cada duas semanas e mantenha-o bem irrigado, especialmente quando as ervilhas estiverem florindo. Quando despontarem as mudas de ervilha, arranque a mais fraca de cada par, de modo que reste apenas uma planta por estaca.

As alfaces estarão prontas quando tiverem desenvolvido uma cabeça grande e firme (veja p. 131). Colha algumas beterrabas da primeira produção quando ainda forem raízes *baby* (veja p. 100), pois isso dará àquelas que restaram espaço suficiente para crescerem mais, se você desejar. Não pare de colher as ervilhas para que estejam sempre frescas, e faça-o de baixo para cima da planta (veja p. 122).

Entre duas a três semanas, todas as culturas deste vaso podem ser semeadas em sequência em outros recipientes, objetivando uma produção contínua de alimentos frescos e deliciosos.

HORTALIÇAS

Como plantar um vaso de verão

Material necessário
- Vaso de barro com 40 cm de diâmetro ou mais;
- Material de drenagem (veja p. 15);
- Substrato à base de argila;
- Varas de bambu;
- Barbante;
- Sementes de ervilha, beterraba e alface romana.

1 Revista a base do vaso com material de drenagem e, em seguida, cubra com o substrato até 5 cm abaixo da borda. Assente o substrato. Monte um círculo uniforme com as varas no centro do vaso, deixando espaço para a beterraba e a alface crescerem ao redor da borda.

2 Junte a ponta das varas e amarre com o barbante, dando várias voltas antes de fazer o nó.

3 Antes de semear, regue o substrato para que fique úmido. Plante duas sementes de ervilha na base de cada vara, em seguida, semeie uma pitada de sementes de alface e uma fileira de sementes de beterraba ao redor da borda do vaso. Mantenha o substrato úmido enquanto elas germinam.

4 Desbaste as mudas de beterraba (veja p. 100) e de alface para dar espaço para as outras crescerem. Ajude as plantas novas de ervilha a subirem nas varas até que sejam capazes de, sozinhas, se agarrarem e se entrelaçarem. Nutra e irrigue com regularidade.

5 Colha as vagens de ervilha com frequência, para que estejam sempre novas e frescas. Colha a alface quando estiver com o coração grande, e as beterrabas, do tamanho que você desejar.

Repolho

Há tantas variedades de repolho que você poderia colhê-las o ano inteiro, mas, para o plantio em recipiente, é aconselhável limitar-se aos tipos de pequeno porte. Existem repolhos de primavera, verão e inverno, e todos são cultivados da mesma maneira – eles se diferenciam apenas quanto à época de semeadura e plantio.

Requisitos básicos

Escolha um recipiente grande de 20 cm ou mais de profundidade. Sacos de cultivo não são grandes o bastante. Como os repolhos gostam de solos firmes e ricos, use partes iguais de substrato à base de argila, terra de jardim e matéria orgânica curtida.

Técnicas de plantio

1 Antes de semear, assente bem o substrato no vaso. Semeie de modo esparso.

2 À medida que as plantas crescerem, arraste mais substrato para a volta da haste nua e assente-o para evitar que a planta tombe.

3 Não deixe que as plantas ressequem e regue bem quando a cabeça começar a se formar.

4 Aplique fertilizante rico em nitrogênio durante toda a fase de crescimento.

Resolução de problemas

Mantenha as plantas cobertas com redes para protegê-las de pombas, besouros-saltadores (veja p. 35) e borboletas. Procure montinhos de ovos sob as folhas e tire-os antes que deles saiam lagartas, que parecem preferir os repolhos verdes aos roxos (veja p. 35).

Dicas práticas

- Substratos para uso geral possuem uma textura solta demais para se plantar repolhos.
- Os repolhos não se desenvolvem a menos que estejam bem firmes no substrato.

Colheita e armazenamento

Assim que estiverem grandes o bastante, colha as folhas novas como verduras. Do contrário, espere até que a cabeça do repolho tenha um coração bem formado, então corte o talo logo acima do substrato. Faça uma cruz no toco que sobrar para estimular a rebrota e a produção de uma segunda colheita, menor. Repolhos de inverno podem permanecer no vaso até que você queira consumi-los, mas corte as outras variedades antes das geadas e armazene em sacos de rede.

ESPÉCIES *Brassica oleracea* L. var. *capitata*.

Mantenha o substrato bem firme ao redor do pé de repolho para mantê-lo erguido e ajudá-lo a formar uma cabeça grande e resistente.

Variedades de pequeno porte são ótimas para o cultivo em recipientes.

Couve

Este vegetal de inverno, maravilhoso e resistente, é uma das verduras mais fáceis de cultivar – é mais tolerante ao clima frio do que outras brássicas. Couves anãs, bonitas e crespas, se desenvolvem muito bem em vasos e produzem deliciosas colheitas durante todo o inverno e a primavera.

Requisitos básicos
Use substrato rico em nutrientes e bem drenado, em um vaso de 20 cm ou mais de profundidade.

Técnicas de plantio
1 Entre meados da primavera e do verão, semeie em linha de modo esparso ou entre outras culturas.

2 Coloque cobertura morta para conservar a umidade e não deixe as plantas ressecarem.

3 Nutra as plantas novas uma vez para estimulá-las.

4 Quando formadas, colha as folhas com regularidade para impulsionar a produção de novas folhas e corte fora os brotos florais.

Dicas práticas
- Se estiver cultivando a partir de plantas jovens ou mudas, enterre-as no substrato até as primeiras folhas e fixe bem.
- As plantas de couve toleram um local levemente sombreado no jardim.

Resolução de problemas
Proteja as plantas com redes caso os pássaros sejam um problema – tudo indica que eles preferem os tipos verdes às couves vermelhas.

Colheita e armazenamento
Algumas couves podem ser colhidas como verduras que rebrotam após o corte. Comece a colher dessa variedade quando estiverem com 5 cm de altura; mais folhas jovens se formarão. Colha outros tipos quando as folhas estiverem novas e tenras – primeiro pegue as do topo, a partir do começo de outono. Assim que a coroa tiver sido colhida, apanhe novas ramificações laterais entre meados do inverno e fim da primavera, até que as plantas produzam sementes. Consuma as folhas frescas ou armazene na geladeira por alguns dias.

ESPÉCIE *Brassica oleracea* L. var. *acephala* D.C.

A couve é uma cultura indispensável, de fácil cultivo, rica em sabor e nutritiva. Plante-a sozinha ou entre outras culturas.

Se colhida sempre, a couve não para de produzir novas folhas.

Alfaces

Alfaces crescem rápido, são fáceis de cultivar, extremamente produtivas e fornecem uma gama fantástica de cores e texturas. Embora haja variedades que produzam cabeça, como a romana, e as de folhas, ambas podem ser tratadas como plantas que rebrotam após o corte, as quais produzirão por meses e formarão as saladas mistas mais encantadoras. Se você escolher as variedades certas, poderá colher essas verduras durante o ano inteiro. Dedique um vaso inteiro para as saladas ou semeie essas plantas entre outras culturas enquanto espera para colhê-las.

Requisitos básicos

Plante em qualquer recipiente que tenha 10 cm ou mais de profundidade, entre eles: jardineira, vaso, tina ou saco de cultivo. Complete com três partes de substrato para uso geral misturadas a uma parte de substrato caseiro.

Técnicas de plantio

1 Semeie alfaces de verão e de primavera a partir do início da primavera, em sulcos a cada 15 dias, para uma colheita contínua. Colha frequentemente para que possam rebrotar, uma vez que isso minimiza a chance de uma floração precoce em clima quente e seco. Para folhas de inverno e de começo da primavera, semeie no fim do verão e no começo do outono e cubra as plantas com campânula.

2 Coloque os recipientes de culturas para salada em pleno sol ou em um local claro e bem iluminado.

3 Em clima seco, regue bem de manhã para evitar a queima da folha e ataques de lesmas, que são mais prováveis de ocorrer quando a irrigação ocorre no fim do dia. Pouca água pode fazer com que alfaces que produzem cabeça floresçam precocemente. Desde que aguadas, as alfaces de inverno crescem praticamente sozinhas. Nutra-as com regularidade.

Alfaces que produzem cabeça ficam maravilhosas quando semeadas em qualquer lugar que haja espaço – entre outras culturas ou ocupando um vaso excedente.

Plante fileiras de folhas coloridas e de diferentes formatos, que rebrotam após o corte, para uma produção constante de salada mista.

HORTALIÇAS

Recipientes cheios de mizuna, alface e mostarda conferem misturas saborosas e ficam muito atraentes quando são acrescentadas flores, como as não-me-esqueças (*Myosotis*).

Resolução de problemas
Como lesmas e caracóis adoram as mudinhas, proteja vasos e plantas muito bem nesse estágio vulnerável do desenvolvimento (veja p. 32). Verões úmidos e frios podem favorecer o aparecimento do mofo cinzento. Retire qualquer folha infectada e não plante de modo muito condensado. As alfaces tendem a florir precocemente em climas quentes e secos.

Colheita e armazenamento
Alfaces que produzem cabeça estarão prontas quando ela estiver firme. Corte-as com uma faca afiada de manhã, quando ainda fresca. Colha as folhas que rebrotam apenas quando precisar delas, pois não se conservam por muito tempo. Corte as folhas da base com tesoura, pegando um pouco de cada planta. Se precisar armazená-las, umedeça-as com água e mantenha-as dentro de um saco plástico na geladeira.

Dicas práticas
- Regue o substrato antes de semear, e não depois, para garantir que as sementes fiquem em contato com o solo úmido (veja p. 132).
- Alfaces gostam de sol, mas precisam de um lugar fresco para germinar; portanto, se for semear nos meses mais quentes, coloque o vaso na sombra, plante de manhã e regue com água fresca.
- Para rebrotarem depois do corte, plante as sementes perto umas das outras; para produção da cabeça, semeie espaçadamente.
- Regue sempre para manter o substrato úmido. A alface floresce quando submetida a estresse.

ESPÉCIES alface: *Lactuca sativa* L.; chicória: *Cichorium endivia* L. e *C. intybus*.

Salada para todo o verão

Plantar a própria salada mista é simples e custa uma fração das vendidas em supermercados. Semeie em uma mesma caixa de madeira variedades que produzem cabeça com as de folhas, que rebrotam após o corte, e você terá à mão uma provisão de folhas frescas que pode ser colocada até mesmo sobre um peitoril de janela.

Alfaces e outras verduras usadas como salada são culturas pouquíssimo exigentes, que podem ser semeadas a qualquer momento entre a primavera e o fim do verão. Se protegidos com manta ou campânula, esses vegetais podem ser plantados no outono para uma colheita durante todo o inverno. Antes de você encher um recipiente de madeira com substrato, forre-o com plástico – algo como um saco vazio de substrato é ideal – para evitar que a madeira apodreça e que algum conservante da madeira escorra para o substrato. Após a germinação, será preciso desbastar os tipos que produzem cabeça para que tenham mais espaço para se desenvolver – mas não descarte a planta arrancada, elas também podem ser consumidas. Desde que semeadas esparsamente, folhas que rebrotam após o corte são colhidas tão novas que não precisam de nenhum desbaste. Coloque suas caixas ao sol, ou sob sombra parcial (veja p. 131) e mantenha o substrato úmido, especialmente em clima quente, quando algumas verduras produzem sementes em um piscar de olhos.

À direita: Semeie uma caixa de verdura a cada 15 dias para uma produção contínua de folhas frescas ao longo do verão.

Como semear sua caixa de salada

Material necessário
- Caixa de madeira ou engradado de madeira reciclado;
- Forro de plástico;
- Tesoura;
- Material de drenagem (veja p. 15);
- Substrato para uso geral;
- Substrato caseiro;
- Semeador;
- Sementes diversas de verduras para salada (veja p. 131).

1 Forre a caixa com plástico e, com a tesoura, faça furos de drenagem no forro. Cubra a base com material de drenagem. Enquanto enche a caixa com uma mistura dos dois substratos (veja p. 130), segure firme o plástico nos cantos da caixa. Regue o substrato.

2 Faça dois ou três sulcos rasos no substrato usando o semeador de madeira ou o próprio dedo. Pegue uma pitada de semente e espalhe de modo esparso em cada sulco; em seguida, com o dedo, cubra as sementes com o substrato.

3 Quando as mudas da variedade que produz cabeça estiverem com 2 cm de altura, desbaste, deixando quatro ou cinco plantas por linha. Regue e nutra as alfaces com regularidade. Proteja-as de lesmas e caracóis (veja p. 32).

4 Quando estiverem com 5 cm de altura, colha com frequência as folhas que rebrotam, ou deixe crescer até que tenham 15 cm, desbastando-as só um pouco para que tenham mais espaço. Você poderá, então, cortar fora a cabeça inteira.

5 Alfaces tradicionais, da variedade que produz cabeça, são colhidas inteiras, de uma só vez, puxando para cima toda a planta ou cortando logo acima da superfície do substrato com uma faca afiada.

Folhas orientais

Folhas orientais é um termo que vem sendo usado para designar um grupo cada vez mais popular de folhas verdes e saladas, como as *bok choy*, couve-chinesa e mizuna. Todas possuem sabor e textura marcantes. Podem ser cultivadas como variedades de cabeças grandes ou como variedades de folhas *baby*, que rebrotam após o corte. A maioria das verduras orientais produz folhas frescas entre meados do verão e início do inverno.

Requisitos básicos
A maioria das variedades precisa de um vaso com 15 cm ou mais de profundidade contendo substrato de boa qualidade, capaz de reter umidade. Destine um vaso inteiro para essas folhas orientais ou plante entre outras culturas.

Técnicas de plantio
1 Semeie esparsamente entre meados da primavera e do verão em um local protegido e ensolarado (veja p. 137).

2 Mantenha as plantas bem irrigadas e nutridas para evitar que entrem precocemente na floração e para melhorar o sabor. Como a couve-chinesa tem raízes rasas, regue pouco e com frequência.

Dica prática
- No outono, cubra as plantas com manta ou campânula para ampliar seu período de colheita.

Resolução de problemas
Lesmas adoram as folhas novas e podem destruir a cabeça da couve-chinesa, portanto, controle-as sempre (veja p. 32). Use redes para proteger a planta da lagarta da couve e dos besouros-saltadores (veja p. 35).

Colheita e armazenamento
A maioria desses vegetais é de crescimento rápido: colha as folhas *baby*, que rebrotam após o corte, algumas semanas depois da germinação; a planta inteira deve estar pronta para ser colhida em dez semanas. Apanhe apenas as folhas que for usar. O toco da maioria das plantas vai rebrotar, produzindo uma segunda ou terceira colheita de folhas mais novas. Use as folhas em saladas, refogadas ou em caldos.

ESPÉCIES couve-chinesa: *Brassica pekinensis* (Lou.); mibuna: *B. rapa japônica*; mizuna: *B. rapa nipposinica*; bok choy: *B. rapa* subsp. *chinensis*.

A mizuna sempre estará produzindo folhas, independentemente de quanto você a colher; ela pode até mesmo atravessar o inverno em regiões de clima temperado quente.

Em clima quente, as folhas de mibuna podem ficar duras se as plantas florirem precocemente. Seu sabor é um pouco mais ardido que o da mizuna.

Rúcula

A rúcula, planta ardida e apimentada, é uma verdura simples que pode também ser cozida e cujas flores são comestíveis. Há variedades para salada e variedades silvestres; todas de fácil cultivo.

Requisitos básicos
Plante em vaso, jardineira ou saco de cultivo de profundidade de 10 cm e contendo substrato argiloso.

Técnicas de plantio
1 Semeie de modo esparso em um local levemente sombreado de meados da primavera a começo do outono (veja p. 155).

2 Desbaste as mudas para que fiquem com 10 cm de espaçamento.

3 Como as plantas florescem precocemente, semeie a rúcula a cada 15 dias. Em estações frias, proteja as semeaduras de outono com campânulas e manta.

4 Mantenha as rúculas aguadas para evitar o florescimento precoce, mas não exagere – água demais dilui o sabor. Nutra as plantas com regularidade.

5 Retire o botão floral – são comestíveis também.

Resolução de problemas
Besouros-saltadores podem desfolhar as plantas (veja p. 35). Use uma rede de malha fina.

Colheita e armazenamento
As rúculas ficam prontas para serem colhidas em apenas quatro semanas depois de semeadas. Colha como uma cultura que rebrota após o corte ou como plantas inteiras. Colha sempre para estimular a produção. Consuma as folhas frescas ou na forma de pesto.

ESPÉCIES *Eruca sativa* L. e *E. vesicaria sativa.*

As flores da rúcula são bonitas quando em massa. Deixe sua última colheita se autofecundar e você terá plantas novas no ano seguinte.

Tanto as variedades da rúcula silvestre como as de salada podem ser colhidas como folhas que rebrotam após o corte ou o pé inteiro pode ser apanhado.

Dica prática
- Deixar que algumas das plantas produzam sementes é uma boa maneira de ampliar e aumentar sua colheita.

HORTALIÇAS

Um toque picante

As comidas asiáticas são famosas por seu toque picante. Pimentas frescas acrescentam um sabor intenso a *curries* e sopas, enquanto as folhas ardidas da mizuna e da mibuna trazem um toque refrescante às saladas. Folhas maduras de *bok choy* ficam ótimas em caldos asiáticos, e suas folhas míni, em refogados. As folhas frescas de verduras asiáticas fazem uma bela combinação com vasos de barro e se desenvolvem igualmente bem em jardineiras de plástico perto da cozinha, deixando tudo à mão.

As pimentas demoram para crescer e amadurecem no verão. Quanto mais quente a temperatura, mais rápido elas amadurecem (veja p. 83), mas, se o clima estiver ruim, elas podem demorar até o outono para ficar no ponto. Para que você saia na frente, compre as pimentas como plantas jovens e plante diretamente no vaso definitivo quando as geadas tiverem passado. Coloque-as em seu local mais quente e ensolarado. Arranque as pontas de crescimento depois de plantar para estimular um desenvolvimento arbustivo, e aplique fertilizante rico em potássio todas as semanas depois de terem florido. Para aumentar sua produção, você mesmo pode polinizar as flores (veja p. 86). Dependendo da variedade, as plantas talvez precisem de estaqueamento à medida que crescem para evitar que fiquem carregadas demais com frutos no topo e que os galhos quebrem.

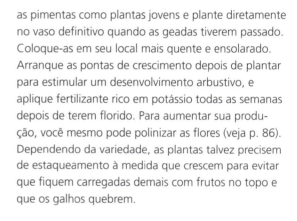

Mizuna e mibuna são as duas culturas mais gratificantes que você pode plantar (veja p. 134). Desde que colhidas com regularidade e toda inflorescência seja arrancada antes de produzir sementes, elas sempre produzirão folhas frescas e ardidas. Já o *bok choy* floresce com facilidade, principalmente quando sob estresse, em períodos de seca, por isso mantenha-o sempre irrigado. Se tiver preocupação com florescimento prematuro, experimente sementes especiais que foram selecionadas para ter crescimento vigoroso – o que inclui resistência ao florescimento –, boa taxa de germinação e resistência a pragas e doenças. Elas são mais caras que as sementes comuns, mas as chances de darem certo são bem maiores. Não há necessidade de muitas sementes para garantir uma quantia suficiente de plantas.

Colha as folhas de mizuna e de mibuna sempre que for usá-las – elas começam a estragar logo depois de apanhadas. A expectativa é que as duas culturas cresçam vigorosamente, e em regiões de clima mais ameno elas produzem folhas mesmo durante o inverno.

HORTALIÇAS

Como plantar verduras asiáticas

Material necessário
- Vaso de barro de 30 cm de diâmetro;
- Material de drenagem (veja p. 15);
- Substrato para uso geral;
- Planta de pimenta;
- Sementes de mibuna, mizuna e *bok choy*.

1 Revista a base do vaso com material de drenagem e encha até três quartos com substrato. Plante a pimenteira no centro do vaso à mesma altura em que estava antes, e complete com mais substrato. Regue bem.

2 Com o dedo, faça um sulco raso ao longo de cada canto do vaso e semeie duas laterais com a mibuna e uma lateral com a mizuna, cobrindo as sementes logo em seguida.

3 Na quarta lateral, plante as sementes de *bok choy* e cubra com o substrato, seguindo as instruções da embalagem quanto à profundidade.

4 Regue bem as sementes para ajudar na germinação. Em seguida, mantenha o substrato úmido – nunca o deixe ressecado. Nutra as plantas com regularidade. Proteja as plantas novas de ataques de lesmas e caracóis (veja p. 32).

5 Desbaste as mudas para que plantas individuais cresçam com vigor. O *bok choy* precisa de mais espaço que a mizuna e a mibuna, as quais rebrotam após o corte (veja p. 134). Consuma as plantas do desbaste em saladas. Colha as primeiras pimentas quando ainda verdes (veja p. 87).

Ervas

Tanto as flores como as folhas tubulares e finas da cebolinha são comestíveis e acrescentam um toque acebolado e ardido a qualquer prato.

Cebolinha-francesa

A cebolinha-francesa, com seu sabor ardido e acebolado, é fácil de cultivar e se desenvolve muito bem em vasos. Suas lindas flores comestíveis, em forma de pompom, são adoradas pelas abelhas e por outros polinizadores (veja p. 24).

Requisitos básicos
Precisam de pelo menos 10 cm de profundidade em recipientes, cestas pendentes e jardineiras. Como esse vegetal prefere solos bem drenados e ricos em nutrientes, use substrato à base de argila.

Técnicas de plantio
■ Semeie no início da primavera, colocando o vaso sobre um peitoril de janela ensolarado a 20 °C; transplante para fora quando as chances de geada forem mínimas, ou plante diretamente ao ar livre entre o fim da primavera e o início do verão.

No verão, abelhas e outros polinizadores zunem alegremente ao redor das flores da cebolinha-francesa.

■ Proporcione sol e um pouco de sombra.

■ Coloque cobertura morta na primavera e arranque as inflorescências antes de murcharem para estimular o crescimento foliar.

■ A cada dois ou três anos, divida a planta na primavera (veja p. 105) ou troque por uma planta nova.

Resolução de problemas
Colocar muitas plantas no mesmo vaso pode torná-las suscetíveis à ferrugem, que causa manchas amarelo-claras nas folhas. Pode logo as plantas infectadas.

Colheita e armazenamento
Podem ser colhidas quando tiverem 15 cm de altura. Corte as folhas a 3 cm da base até as primeiras geadas.

ESPÉCIES *Allium schoenoprasum* e *A. tuberosum*.

Endro (Dill ou Aneto)

Com folhas refrescantes e suaves e sementes mais ardidas, o endro sobressai em sopas e saladas. Não o plante perto de funcho, pois esses vegetais farão polinização cruzada, o que resultará em uma planta menos saborosa.

Requisitos básicos
Use substrato para uso geral misturado a pedriscos em qualquer vaso com 30 cm de diâmetro ou mais.

Técnicas de plantio
■ Semeie diretamente em vasos ao ar livre depois das geadas, ou plante plantas jovens.

■ Cultive em local protegido e sombreado.

■ Colha sempre para uma produção constante e um crescimento de pequeno porte, de plantas arbustivas. Nunca pode o endro.

■ O endro é um vegetal de vida curta e produz sementes mesmo que levemente ressecado; portanto, plante várias vezes para uma colheita constante.

■ Estaqueie a planta inteira se necessário, usando gravetos e barbante.

ERVAS

Deixe o endro produzir flores no fim da estação e, em seguida, apanhe as inflorescências com as sementes para que sequem à medida que amadurecem.

Resolução de problemas
Lesmas e caracóis adoram endros, portanto proteja o entorno de recipientes e plantas a fim de manter essas pragas distantes (veja p. 34).

Colheita e armazenamento
As folhas podem ser colhidas dois meses após a semeadura. Consuma frescas, guarde na geladeira por algumas semanas ou congele, picadas, em formas de gelo com água. Quando as sementes amadurecerem, coloque os ramos em um saco de papel para secar. Como todas elas amadurecerão ao mesmo tempo, aja com rapidez. Armazene em um recipiente hermético.

ESPÉCIE *Anethum graveolens.*

Raiz-forte

A raiz-forte se desenvolve muito melhor em vaso, pois, quando a campo aberto, é invasiva e persistente. Trata-se de uma planta perene, resistente, de cultivo simples e fácil, que fornecerá uma produção regular de raízes frescas e picantes, difíceis de encontrar em estabelecimentos comerciais. Além disso, ela pode durar vários anos.

No outono, colha as raízes da raiz-forte erguendo a planta do solo. Use o que precisar e armazene o restante em areia úmida antes de replantar na primavera.

Requisitos básicos
A raiz-forte requer um recipiente grande e profundo. Encha com substrato argiloso que tenha sido misturado a pedriscos para drenagem.

Técnicas de plantio
■ Plante sementes ou ramos da raiz com 15 cm de comprimento em covas feitas com o semeador. O ramo vai crescer do lado que ficar para cima.

■ Raiz-forte gosta de locais ensolarados, mas tolera um pouco de sombra.

■ Regue em períodos secos e, durante o verão, nutra com fertilizante para algas marinhas.

Resolução de problemas
Use rede para proteger de lagartas (veja p. 35).

Colheita e armazenamento
Folhas novas podem ser colhidas para serem consumidas frescas ou desidratadas, e as raízes podem ser divididas ou desenterradas no momento do uso. Como alternativa, no outono tire do solo a planta inteira, cujas raízes podem ser armazenadas em caixas com areia e usadas depois ou replantadas como estacas na primavera, para gerar novas plantas. Quando frescas, as raízes podem ser raladas, picadas ou conservadas em vinagre. Elas podem também ser mantidas na geladeira por até uma semana. No entanto, se cozidas, perdem completamente o sabor.

ESPÉCIE *Armoracia rusticana.*

Coentro

Essa planta anual, de sabor característico e marcante, possui folhas e sementes maravilhosas – até mesmo suas flores e raízes são comestíveis. O coentro se desenvolve muito bem a partir da semente e tem grande potencial de produção.

Requisitos básicos
Use um vaso bem drenado, com 10 cm profundidade, contendo substrato para uso geral.

Técnicas de plantio
■ Semeie a partir da primavera. Espere até o fim das geadas para semear ao ar livre (veja p. 144).

■ Escolha um local quente, mas sombreado (veja p. 144) se estiver objetivando a produção de folhas; as sementes se desenvolvem melhor sob a luz direta do sol.

■ Semeie sucessivamente vários vasos a cada três ou quatro semanas.

■ Como o coentro floresce sob estresse, mantenha a planta bem aguada. Aplique fertilizante líquido a cada duas semanas durante a estação de crescimento.

Resolução de problemas
Essa planta não costuma apresentar problemas.

O coentro produz semente com rapidez, então plante sucessivamente vários vasos ou em intervalos, no meio de outra cultura, para uma produção contínua.

Colheita e armazenamento
Comece a colher de sete a nove semanas depois da semeadura, quando as folhas estiverem grandes. Consuma as folhas frescas ou congele em formas de gelo. No outono, corte fora as inflorescências com as sementes quase maduras e coloque em sacos de papel para secar; armazene em recipientes herméticos.

ESPÉCIES *Coriandrum sativum*.

Erva-cidreira

Também conhecida com capim-santo ou capim-limão, essa erva é muito usada na culinária asiática por seu aroma adocicado e citrino. As hastes da erva-cidreira dão elegância aos vasos.

Requisitos básicos
É preciso um vaso com pelo menos 40 cm de largura. Misture pedriscos a substrato caseiro ou argiloso.

Técnicas de plantio
■ Cultive ao ar livre quando a temperatura noturna for superior a 13 °C; do contrário, cultive-a dentro de casa.

■ Use plantas jovens ou deixe as hastes enraizarem em um copo de água antes de plantá-las em um vaso. Semeie a 20 °C; a germinação leva duas a três semanas.

■ Mantenha as plantas irrigadas no verão e, durante o período de crescimento, use um fertilizante líquido.

■ Quando as temperaturas caírem e os dias ficarem mais curtos, as plantas entrarão em dormência; então, reduza a irrigação e pode as folhas a 10 cm da altura das hastes.

■ Durante o inverno, proteja a erva-cidreira das geadas.

■ Divida as plantas separando-as cuidadosamente com os dedos. Plante logo em seguida em um recipiente onde as raízes fiquem justas – a erva-cidreira adora que suas raízes fiquem apertadas no vaso.

Resolução de problemas
No inverno, regue muito pouco as plantas e mantenha-as longe de geadas, já que são suscetíveis a oídio (veja p. 34) e podridão.

Em clima temperado frio, a erva-cidreira é ideal em vaso, pois, no inverno, pode ser carregada para dentro de casa.

Todas as partes dessa planta com aroma de anis são comestíveis, inclusive as sementes, que podem ser consumidas frescas ou desidratadas.

Colheita e armazenamento
Tanto as folhas quanto as hastes podem ser colhidas durante a estação de crescimento para serem consumidas frescas ou desidratadas. Corte as hastes ao nível do solo e use os últimos 10 cm de cada uma.

ESPÉCIE *Cymbopogon citratus.*

Erva-doce

Parente muito próxima da planta bulbosa, a erva-doce é cultivada por suas folhas, sementes e até mesmo suas flores. Quando semeada entre outras culturas em um vaso grande, essa planta aérea adquire um aspecto impressionante. Variedades com folhagem colorida são particularmente atraentes.

Requisitos básicos
Plante em qualquer vaso, bacia ou jardineira que tenha 30 cm de profundidade e vários furos de drenagem. Coloque substrato bem drenado, que retenha umidade, misturado a pedriscos. Jamais cultive erva-doce próxima demais ao endro e ao coentro, pois essas plantas fazem polinização cruzada, resultando em uma produção menos saborosa.

Técnicas de plantio
■ Do meio da primavera ao início do verão, compre plantas jovens ou semeie diretamente ao ar livre.

■ Coloque a erva-doce em um local ensolarado.

■ Regue com regularidade e cubra o redor da planta com substrato caseiro. Isso impedirá que as plantas de erva-doce produzam sementes cedo demais.

■ Para um fornecimento de folhas frescas e novas, arranque todas as inflorescências e pode as hastes até 30 cm acima do nível do solo em meados do verão.

■ Retire hastes velhas.

Resolução de problemas
Lesmas adoram os brotos novos. Coloque armadilhas com cerveja nos vasos (veja p. 32).

Colheita e armazenamento
A planta inteira é comestível. Apanhe as folhas, hastes novas e sementes imaturas para usá-las frescas. Sementes maduras podem ser desidratadas e armazenadas. As folhas podem ser congeladas ou usadas como aromatizantes em infusões de óleo ou de vinagre.

ESPÉCIE *Foeniculum vulgare.*

Coentro no escorredor

Como o coentro é uma cultura de ciclo rápido e fácil cultivo, plante um vaso novo a cada mês para uma produção constante durante o verão. Toda a planta é comestível e suas sementes podem ser acrescentadas a molhos à base de *curry* e guisados. Um escorredor de macarrão reciclado é o recipiente ideal para culturas que adoram um solo bem drenado.

O coentro se desenvolve melhor quando plantado no recipiente definitivo em vez de ser transplantado – ele detesta que suas raízes sejam perturbadas. Depois das geadas, semeie em substrato para uso geral, de boa drenagem. Coloque o recipiente em um lugar onde haja sombra em parte do dia – as plantas florescem rápido demais se expostas à luz direta do sol durante o dia inteiro –, mas elas precisam, sim, de calor. O coentro se desenvolve melhor quando semeado aos poucos e com frequência, porque floresce rapidamente quando o solo resseca (veja p. 142). Não pare de semear a nova safra até o fim do verão. A colheita pode ser feita dentro de sete a nove semanas após a semeadura. Colha sempre para estimular a produção de folhas novas e frescas e o crescimento de plantas saudáveis de pequeno porte; esse método de colheita também impede que o coentro floresça. Regue de manhã e não à noite, porque esse vegetal detesta solo encharcado.

À direita: O coentro é uma cultura viçosa e radiante que empresta seu aroma característico e sabor citrino para as culinárias asiática e indiana e fica também delicioso em saladas e sanduíches.

Como plantar coentro

Material necessário
- Forro para cestas suspensas;
- Escorredor de alumínio ou outro vaso com 10 cm ou mais de profundidade, e com boa drenagem;
- Tesoura;
- Pedaço quadrado de saco plástico de substrato;
- Substrato para uso geral;
- Sementes de coentro.

1 Coloque o forro no escorredor. Talvez você precise aparar as bordas e ajustar o forro na base do escorredor para que ele caiba. Coloque uma camada de plástico no centro para ajudar a reter um pouco de umidade.

2 Encha o escorredor com substrato e assente cuidadosamente com os dedos até que ele esteja a 5 cm da borda. Deixar esse intervalo no topo facilitará a rega.

3 Espalhe as sementes uniformemente sobre o substrato. Em seguida, empurre-as gentilmente no substrato.

4 Espalhe substrato sobre as sementes, peneirando-o entre os dedos para que fique leve e solto. Regue bem e coloque o escorredor no jardim, em um local quente, que tenha alguma sombra durante parte do dia. Mantenha o substrato sempre úmido.

5 Nutra as plantas com regularidade (veja p. 142). Colha com frequência as folhas. Quando as plantas começarem a produzir sementes, você pode descartá-las ou esperar até quase amadurecerem e, em seguida, retirar a inflorescência inteira e pendurar em um local quente para secar.

Uma jardineira de ervas

Ervas frescas são riquíssimas em sabor, vitaminas e óleos essenciais. São caras para comprar, mas muito fáceis de cultivar. Acrescente os "rostinhos sorridentes" de algumas flores de amor-perfeito comestíveis ao seu *display* e você terá uma dimensão extra de cores que não encontrará em nenhum mercado. Coloque a jardineira perto da cozinha para colher folhas frescas sempre que precisar.

A salsinha é conhecida por sua germinação irregular e lenta (veja p. 153). Tanto a erva-doce (veja p. 143) como a salsinha detestam que mexam nelas, por isso compre plantas pequenas quando estiver mais quente, no fim da primavera. Como a salsinha é uma planta bienal, você terá de comprar uma nova remessa para seus vasos todos os anos, mas, se cultivada em um local protegido, provavelmente ela dará folhas frescas quase o ano inteiro. A erva-doce é uma planta perene, aérea e aromática, cultivada por suas folhas vigorosas com aroma de anis, suas sementes e flores. Talvez essa planta precise de estaqueamento para se desenvolver bem, e deve ser transplantada para um novo vaso todos os anos. O amor-perfeito é uma flor comestível, que se desenvolve bem em solos soltos e nutritivos e possui um sabor adocicado de gramínea.

À direita: Coloque a jardineira em um local ensolarado e protegido, que possua alguma sombra, para evitar que a salsinha floresça. O calor ajuda na produção de óleos essenciais que conferem às ervas seu sabor e aroma característicos.

Como plantar uma jardineira de ervas

Material necessário
- Uma jardineira com pelo menos 60 cm por 20 cm, que caiba bem sobre o peitoril da janela;
- Material de drenagem como cacos de vaso de barro, cascalhos e pedregulhos;
- Substrato argiloso misturado com pedriscos na proporção 2:1;
- Duas plantas de salsinha (*Petroselinum crispum*), duas de erva-doce (*Foeniculum vulgare*) e duas da flor amor-perfeito (*Viola* x *wittrockiana*).

1 Uma boa drenagem é importante para as ervas, portanto faça furos na base de sua jardineira se necessário. Em seguida, revista o fundo com uma generosa camada de material de drenagem.

2 Encha a jardineira até a metade com o substrato. Então, quando ainda nos respectivos vasos, arrume as plantas na jardineira. Colocar a flor entre as ervas é uma escolha interessante.

3 Retire todas as plantas de seus vasos, começando pela erva-doce, que é uma planta alta. Com cuidado, separe suas raízes para ajudar que se espalhe e se forme rapidamente depois de replantada. Em seguida, plante a salsinha e, por fim, as flores entre as ervas.

4 Preencha a jardineira com o substrato. Regue bem e coloque cobertura vegetal; coloque a jardineira sobre o peitoril. Durante o crescimento, regue as plantas e aplique fertilizante líquido balanceado todas as semanas. Colha as folhas e flores aos poucos e sempre, para estimular o crescimento.

Hissopo é perfeito para um vaso no pátio, onde seu adorável perfume pode ser apreciado em dias quentes e ensolarados.

Hissopo

Pode ser difícil encontrar hissopo à venda, então vale a pena cultivar essa erva mediterrânea. A planta inteira é aromática, especialmente em noites quentes de verão. Suas flores azuis brilhantes, brancas e rosas atraem borboletas e abelhas.

Requisitos básicos
Plante em qualquer vaso de 30 cm de diâmetro ou mais, com muitos furos de drenagem. Prefira substratos leves e bem drenados misturados com pedriscos.

Técnicas de plantio
■ Semeie diretamente em solo aquecido pelo sol no fim da primavera ou compre plantas jovens.

■ Essa erva adora um local ensolarado.

■ Pode na primavera. Quando as flores surgirem, nutra regularmente com fertilizante de confrei e remova as flores murchas para continuar a floração.

■ No inverno, proteja as plantas com manta, palha ou samambaia caso as temperaturas fiquem abaixo de –5 °C.

■ Reponha as plantas a cada quatro anos.

Resolução de problemas
Essa planta costuma não apresentar problemas.

Colheita e armazenamento
Colha as folhas do topo para estimular um crescimento arbustivo. Consuma-as frescas, desidratadas ou conserve em azeite de oliva. Colha as flores logo que abrirem; ficam deliciosas em saladas e drinques.

ESPÉCIE *Hyssopus officinalis.*

Louro

As folhas verde-escuras e perenes do louro são ingredientes essenciais de um *bouquet garni*, portanto, mantenha essa planta próximo à porta da cozinha para que não haja dificuldades em colhê-la.

Requisitos básicos
Plante em recipiente com 30 cm ou mais de profundidade, com substrato à base de argila, rico em nutrientes e arenoso para uma boa drenagem e estabilidade.

Técnicas de plantio
■ Compre plantas jovens, uma vez que a germinação das sementes é instável e as estacas podem ter uma propagação difícil.

■ Plante entre meados da primavera e início do outono em um local iluminado e protegido. Regue bem.

■ Aplique um fertilizante líquido a cada duas semanas a partir de meados da primavera até o fim do verão. Regue com moderação, especialmente no inverno.

■ Se a temperatura cair abaixo de 5 °C, proteja com manta. As plantas ficam mais resistentes à medida que envelhecem.

■ Replante em outro vaso a cada dois anos.

Resolução de problemas
Falta de nutrientes, substrato encharcado ou clima severo podem amarelar as folhas. Cochonilhas causam um bolor

A folha fresca do louro é uma das ervas do *bouquet garni*, usado em ensopados, molhos e sopas. Outros ingredientes são: orégano, manjericão e tomilho.

ERVAS

Com uma tesoura de poda, é possível controlar o crescimento das plantas de louro em vaso modelando-as em cones, pirâmides ou em troncos lisos.

escuro; esfregue a folha com as mãos ou lave com sabão inseticida. O inseto *Trioza alacris* deforma e engrossa as folhas; pode os galhos infectados.

Colheita e armazenamento
Colha o ano inteiro. Folhas frescas possuem sabor mais acentuado que as desidratadas. Folhas de louro secam bem e podem também ser conservadas em vinagre.

ESPÉCIE *Laurus nobilis*.

Hortelã

Outra espécie tenaz e invasora de jardim, a hortelã é bem melhor quando cultivada em vasos. Essa erva possui diferentes aromas, sabores e formas de folhas, a maioria delas indisponível nos mercados.

Requisitos básicos
É preciso um recipiente com pelo menos 15 cm de profundidade e substrato rico e arenoso (veja p. 14).

Técnicas de plantio
■ Cultive a partir de plantas jovens ou de estacas de raiz já formadas; no período de crescimento, desenterre um pedaço da raiz e corte próximo ao nó ainda imaturo. Plante em um substrato para semente. Regue bem.

■ Coloque as plantas em um local um pouco sombreado – ou mais ensolarado se estiver cultivando a variedade com folhas coloridas.

■ Preste atenção para não plantar tipos diferentes de hortelã muito próximos, eles podem hibridizar e produzir plantas menos saborosas.

■ Aplique fertilizante líquido com regularidade durante o período de crescimento e não deixe que o substrato resseque.

■ Remova as flores murchas com frequência. Arrume as plantas no verão.

■ Divida as plantas a cada três anos.

Resolução de problemas
Caso encontre manchas marrons nas folhas devido à ferrugem, elimine a planta inteira, e não replante no mesmo vaso.

Colheita e armazenamento
Durante o período de crescimento, consuma as folhas frescas ou congele – não as seque.

ESPÉCIES *Mentha x gracilis, M. x smithiana, M. spicata, M. suaveolens, M. x villosa*.

A *Mentha suaveolens* (à esquerda, no topo) é de ciclo lento e perfeita para vasos. As folhas da *M. x gracilis* (à esquerda, acima) têm sabor rico e suave; já a *M. spicata* (à direita, acima) é ideal para molhos e geleias.

Mix de hortelãs

Uma dica ótima é cultivar a hortelã em vasos para impedir que avance sobre outras culturas. Isso se aplica mesmo quando estiver sendo plantada entre outras variedades. Para apreciar um sortimento de suas folhas pungentes, plante tipos diferentes dessa erva (veja p. 149) em vasos separados dentro de um único e grande vaso ou em uma jardineira. A hortelã tem raiz rasa, por isso não precisa de recipientes muito profundos.

Faça este projeto na primavera, usando substrato leve e arenoso, tanto nos vasos como nas jardineiras maiores. Antes de enterrar os vasos individuais na jardineira definitiva, transplante todas as plantas de hortelã para um recipiente maior, dando-lhes assim um pouco mais de espaço para se espalharem. As raízes logo atravessarão o fundo de seus vasos e crescerão em direção ao substrato abaixo. Coloque a jardineira em um local levemente sombreado. Nutra as plantas com regularidade (veja p. 149).

Cultivar as hortelãs muito juntas aumenta o risco de hibridização quando as plantas florescem e formam sementes, e as sementes e mudas resultantes desse processo terão sabor e aroma diluídos. Para evitar que isso ocorra, apare e colha as folhas com frequência. Essas ações conservam as plantas arbustivas e em pequeno porte, e elas não florescerão.

À direita: Colha a hortelã arrancando a haste com o dedo perto da ponta de crescimento ou cortando-a com a tesoura. Uma poda regular evita o florescimento indesejado.

Como plantar um mix de hortelãs

Material necessário
- Substrato para uso geral;
- Pedrisco para horticultura;
- Recipiente raso ou tinas, como esta jardineira de acetato de cobre;
- Três ou quatro tipos diferentes de hortelã (veja p. 149), como: *Mentha suaveolens*, *Mentha x smithiana* e *Mentha spicata*.
- Vasos para transplantar as plantas individuais da hortelã;
- Pedrisco decorativo para usar como cobertura.

1 Misture o substrato com um pouco de pedriscos na proporção 2:1, respectivamente. Transplante todas as hortelãs para vasos com o dobro do tamanho daqueles em que estavam. Regue bem cada um.

2 Encha a jardineira até a metade com a mistura de substrato, deixando espaço suficiente para os vasos individuais de hortelã e também no topo, para facilitar a rega.

3 Enterre seus vasos no substrato da jardineira. Certifique-se de nivelar o topo de todos eles e preencha os vazios com mais substrato, até que esteja ao nível do solo. Regue bem.

4 Cubra a superfície com os pedriscos para manter a umidade longe da coroa das plantas e retê-la no solo. Regue e nutra as plantas regularmente para estimular o crescimento.

O manjericão comum e o de folha-larga (à direita, no topo) são as opções mais populares, usadas em molhos. Embora o manjericão grego (à esquerda, acima) tenha as menores folhas de todos, elas possuem um sabor intenso. O manjericão vermelho (à direita, acima) possui folhas roxas deliciosas e de sabor acentuado.

Manjericão

Esta erva é muito mais saborosa quando cultivada em casa. O manjericão é um companheiro perfeito na cozinha e no jardim (veja p. 27).

Requisitos básicos
Depois das geadas, semeie ao ar livre; ou, dentro de casa, em vasos individuais ou em bandejas com divisórias com substrato para uso geral e areia grossa.

Técnicas de plantio
■ Semeie entre o fim do inverno e meados da primavera. As sementes são sensíveis à luz, portanto, enterre-as suavemente no substrato e não cubra. Regue bem.

■ As sementes germinam mais rápido em locais quentes e ensolarados, a 20-25 °C. Uma vez germinadas, coloque os vasos em um local ensolarado e protegido.

■ Em regiões de clima temperado frio, cultive em uma estufa de vidro ou dentro de casa sobre um peitoril.

■ O manjericão detesta ficar sobre solo encharcado durante a noite; então, regue apenas de manhã, assim a planta poderá esgotar a água antes do anoitecer.

Resolução de problemas
Borrife água ou sabão inseticida se houver ataques de pulgão-verde ou mosca-branca (veja p. 34).

Colheita e armazenamento
Colha sempre as folhas jovens das pontas (veja p. 155). Armazene na geladeira por alguns dias ou congele folhas individuais. Use para preparar *pesto* ou infusões de óleo ou vinagre. Use as flores em saladas.

ESPÉCIE *Ocimum basilicum*.

Orégano

O orégano é cultivado em função de suas folhas doces e pontudas, que possuem um sabor mais intenso que as de algumas plantas semelhantes, como a manjerona. Algumas variedades ficam muito atraentes sozinhas em um vaso, enquanto as de ciclo lento, as rastejantes, como a Nanum, são perfeitas como bordaduras de vasos maiores. Suas lindas flores aromáticas atraem borboletas.

Requisitos básicos
É preciso um vaso com 30 cm de profundidade, ou mais, e de substrato enriquecido e argiloso ou substrato caseiro, misturado a areia grossa para drenagem.

Técnicas de plantio
■ Na primavera, propague a partir de estacas de rebentos novos ou compre plantas jovens. O orégano não se desenvolve a partir da semente.

■ Plante em um lugar ensolarado. Regue bem após plantar e depois regularmente em períodos secos.

■ Pode as plantas depois de florirem para que não fiquem desgrenhadas.

■ No inverno, corte a planta a 6 cm do solo antes que os galhos comecem a morrer. Coloque pedriscos como cobertura morta para proteger a coroa da umidade do inverno. Proteja de geadas com manta.

ERVAS

As folhas de orégano podem ser usadas frescas, secas, ou congeladas.

Resolução de problemas
Essa planta costuma não apresentar problemas.

Colheita e armazenamento
Colha maços de folhas logo antes de as flores se abrirem, e seque pendurando em um local quente, seco e arejado. As folhas de orégano também podem ser usadas em infusões de óleos aromáticos ou vinagres.

ESPÉCIE *Origanum vulgare.*

Salsinha

Por ser versátil e comum na culinária, a salsinha é imprescindível em uma jardineira ou em um vaso à mão, perto da cozinha. Ela é geralmente cultivada como uma planta anual, porque no segundo ano produz sementes e perde sua função de erva aromática. Escolha entre as muitas variedades da salsinha de folhas lisas ou crespas.

Requisitos básicos
Plante em qualquer recipiente, inclusive em uma cesta pendente, com profundidade de 20 cm ou mais. Não compre "vasos de salsinha", pois são difíceis para regar e pequenos demais para a raiz pivotante

O sabor da salsinha de folhas crespas é mais suave que o de folhas lisas. Para que não haja perda de sabor, acrescente a salsinha instantes antes de terminar o cozimento.

dessa planta. Essa erva é uma planta faminta, por isso acrescente substrato caseiro ou outra fonte de matéria orgânica ao substrato de vaso.

Técnicas de plantio
■ No fim da primavera, semeie ao ar livre e cubra as sementes com o solo. Um local quente, solo levemente úmido e proteção com campânula ajudam no desenvolvimento da planta.

■ Essa planta prefere lugares sombreados e úmidos, portanto, não a deixe sem água.

■ Retire as inflorescências para estimular o desenvolvimento de novas folhas durante o crescimento.

■ No outono, cubra outra vez as plantas com campânula para desacelerar a morte progressiva dos ramos que ocorre no inverno.

Resolução de problemas
Proteja as plantas jovens de lesmas usando pedriscos ou conchas trituradas (veja p. 32).

Colheita e armazenamento
Colha as folhas frescas sempre que for usá-las. Elas podem ser congeladas em sacos plásticos vedados, ou picadas e congeladas em água em forminhas de gelo.

ESPÉCIE *Petroselinum crispum.*

Sabores da Itália

Na comida italiana, tudo gira em torno dos melhores ingredientes e dos temperos únicos, e não há maneira mais apropriada de conseguir isso do que com os vegetais cultivados em sua própria casa. Este vaso possui os ingredientes mediterrâneos clássicos, como pimentões, rúculas e manjericão, que conferem ao jardim e ao prato um sabor da Itália.

A menos que semeie no início da primavera, é melhor comprar plantas jovens de pimentão, já que elas precisam de um verão longo e quente para crescerem, florirem e amadurecerem (veja p. 83). A semente de manjericão pode ser plantada a partir do começo da primavera, mas se o tempo for curto e o espaço pequeno, esse vegetal também pode ser comprado como plantas jovens e plantadas em ambiente externo (veja p. 152). A rúcula pode ser semeada de uma vez só ou um tanto por vez. Ela floresce com facilidade mesmo se as condições não estiverem corretas (veja p. 135), e quando for assim você pode semear um tanto a cada duas semanas para ter sempre uma produção nova enquanto a anterior termina.

Plante este vaso mediterrâneo depois de as geadas terem passado, semeando a rúcula nos espaços vazios entre os pimentões e o manjericão. Certifique-se de colocar o vaso em um lugar ensolarado para que o calor ajude no amadurecimento do fruto. Cortar as pontas do manjericão estimulará um crescimento arbustivo e o desenvolvimento de mais folhas; isso também impedirá que a planta floresça precocemente. Depois que as flores aparecerem, aplique nos pimentões fertilizante rico em potássio todas as semanas.

Acima: Colha pimentões no estágio de amadurecimento que preferir. Colha os primeiros pimentões quando ainda verdes, estimulando, assim, a produção de mais frutos, que podem ser deixados no pé para amadurecerem.

Esquerda: Colha sempre as folhas novas da rúcula como uma verdura que rebrota. Ou você pode esperar para colher a planta inteira e ressemear para uma nova safra.

ERVAS

Como plantar um vaso italiano

Material necessário
- Uma imitação de vaso de chumbo com 60 cm ou mais de diâmetro; ■ Material de drenagem (veja p. 15); ■ Substrato para uso geral; ■ Duas plantas de pimentão; ■ Seis a oito plantas de manjericão; ■ Sementes de rúcula; ■ Areia de horticultura para semear.

1 Revista a base do vaso com material de drenagem e encha até quase o topo com substrato. Assente bem com os dedos.

2 Organize as plantas jovens, ainda em seus vasos, colocando os pimentões no centro e os pés de manjericão ao redor da borda. Certifique-se de distribuí-las uniformemente e de que haja espaço o bastante para a rúcula ser semeada entre elas. Plante e regue os pimentões e o manjericão.

3 Como a semente de rúcula é minúscula, é interessante misturá-la com areia antes da semeadura, tornando mais fácil checar se as sementes estão semeadas de modo uniforme.

4 Espalhe a mistura de sementes e areia sobre a superfície do composto e, em seguida, cubra suavemente com um pouquinho do substrato. Regue bem todas as plantas e as sementes. Nutra e regue com regularidade.

5 Quando o manjericão estiver ainda novo, arranque a ponta de crescimento para formar um arbusto. Colha sempre para manter as plantas saudáveis e pequenas. Colha o manjericão (veja p. 152), a rúcula (veja p. 135) e os pimentões (veja p. 83) quando precisar.

Alecrim

O alecrim é uma das ervas mais práticas da culinária e possui um sabor intenso, que combina com quase todos os pratos. Ele se sobressai em um vaso com outras ervas. Suas flores atrairão abelhas para o seu jardim.

Requisitos básicos
Plante em um vaso grande de 20 cm ou mais de profundidade com substrato arenoso de boa drenagem.

Técnicas de cultivo
■ O alecrim se propaga melhor a partir de estacas do que de sementes. Na primavera, retire as estacas dos rebentos novos e plante em substrato para sementes. Ou compre plantas jovens e plante ao ar livre. Regue bem.

■ Esse vegetal prefere um local ensolarado e protegido, embora suporte um pouco de sombra. Plantas jovens são sensíveis a baixas temperaturas.

■ Corte as pontas das hastes com regularidade para estimular um crescimento arbustivo.

■ Nutra e pode depois do florescimento. O alecrim não rebrota a partir de galhos muito desnudos, portanto não faça uma poda severa demais; tampouco pode no outono, quando as plantas estão vulneráveis às geadas.

■ Transplante para novos vasos a cada cinco anos.

Resolução de problemas
O besouro do alecrim e suas larvas se alimentam das folhas. Coloque um papel debaixo da planta e chacoalhe-a para catar esse inseto (veja p. 35). Cigarrinhas causam manchas nas folhas, mas esse problema é superficial, como também as típicas espumas causadas pelas cigarrinhas-da-espuma.

Colha as folhas de alecrim o ano inteiro, para usar em ensopados, carnes assadas, licores e azeites.

Colheita e armazenamento
As folhas podem ser colhidas o ano todo, mas ficam mais duras no inverno. Podem ser desidratadas, congeladas ou colocadas em infusões de óleos e vinagre.

ESPÉCIE *Rosmarinus officinalis*.

Sálvia

A sálvia vem de uma grande família de plantas anuais, perenes e bienais, de aromas fortes, algumas com folhas e inflorescências coloridas.

Requisitos básicos
Use um vaso com 20 cm ou mais de profundidade, com vários furos de drenagem, e misture muitos pedriscos ao substrato.

Técnicas de plantio
■ Para uma colheita imediata, cultive a partir de plantas jovens ou semeie na primavera. Prepare-se para esperar – a sálvia demora bastante para germinar.

■ Essa planta prefere um local quente, protegido e ensolarado, embora tolere também um pouco de sombra.

■ Pode os galhos regularmente na primavera, mantendo as plantas em formato arbustivo, evitando que formem galhos lenhosos e desgrenhados.

■ No inverno, proteja a variedade *S. elegans*, menos resistente e com aroma de fruta.

■ A sálvia dura poucos anos em vasos, portanto, reponha plantas velhas e exauridas produzindo estacas a partir das extremidades de novos rebentos.

Resolução de problemas
Os besouros do alecrim e suas larvas se alimentam das folhas e flores da sálvia. Cate-os com a mão ou chacoalhe a planta sobre um papel para retirá-los (veja p. 35). As cigarrinhas podem causar uma mancha fina e amarelada nas folhas, mas, para a sálvia, trata-se de um problema apenas superficial.

ERVAS

As plantas da sálvia comum, com suas folhas típicas, suaves e verde-azuladas, são melhores quando mantidas no vaso em um porte pequeno, por meio de poda e desbaste regulares das folhas.

Colheita e armazenamento
Colha as folhas perenes ao longo do ano para usar em carnes, especialmente de porco. A sálvia combina bem com a abóbora cheirosa. As folhas são melhores frescas, pois é muito difícil deixá-las bem secas. Entretanto, quando desidratadas, o sabor é extraforte, então use-as com moderação. Retire toda flor que estiver se desenvolvendo.

ESPÉCIES *Salvia officinalis, S. elegans, S. lavandulifolia.*

Tomilho

O tomilho, planta de crescimento lento e aromática, é muito simples de se cultivar, e uma vez plantado, não requer muitos cuidados. As variedades mais bonitas, com as folhas multicoloridas, se sobressaem em um vaso misto, especialmente como planta de bordadura ou para preencher os vazios. As flores são adoradas pelas abelhas que buscam o pólen.

Requisitos básicos
Pode ser usado qualquer vaso, cesta pendente ou jardineira com uma profundidade mínima de 15 cm. Use um substrato de boa drenagem.

Técnicas de plantio
■ Compre plantas jovens ou divida os torrões da raiz de plantas já formadas e replante.

■ Plante em um local ensolarado e quente, regando em seguida. Depois disso, mantenha os recipientes em um local seco; regue apenas se houver um longo período de seca.

■ Colha sempre as folhas para manter as plantas em bom estado.

■ Para proteger a coroa das plantas de encharcamento, coloque pedregulhos como cobertura morta nos vasos.

■ No inverno, para proteger as plantas mais sensíveis de ventos frios, geadas e umidade, cubra-as com manta ou coloque em um lugar protegido.

Resolução de problemas
Essa planta costuma não apresentar problemas.

Colheita e armazenamento
Desde que não colha demais, você terá um suprimento de folhas durante o ano inteiro. O tomilho pode ser desidratado, congelado ou conservado em vinagre ou óleo. Suas folhas realçam o sabor de ensopados, molhos e marinadas.

ESPÉCIES *Thymus citriodorus, T. pulegioides* e *T. x citriodorus.*

Há uma grande variedade de tomilho e todas são viáveis para cultivo em vaso, tanto como coloridas plantas de bordadura ou centrais.

Bacia de ervas

Um vaso com um sortimento de ervas, de vários aromas e folhagens, é um jeito atraente de cultivar essas plantas úteis, especialmente quando são complementadas com um recipiente reciclado, como essa antiga bacia de estanho. Você pode desfrutar das folhas frescas sempre que desejar – em saladas, chás e até no banho –, e tudo isso a uma fração do preço que custam os minúsculos saquinhos de ervas nos supermercados.

Antes de plantá-la, misture muita areia grossa ou areia de horticultura ao substrato para boa drenagem. Aplique fertilizante líquido balanceado nas plantas com regularidade, mas não com muita frequência – se as folhas ficarem viçosas demais, elas perdem sabor e aroma. Na primavera, faça a poda para estimular uma nova produção de folhas, e colha sempre para que permaneçam em bom estado. Entretanto, não apanhe mais que um terço da folhagem, para não impedir as plantas de se desenvolverem com vigor. Para manter a energia do vegetal canalizada para a produção de folhas, remova e descarte as flores murchas, a menos que as queira em saladas.

Embora as plantas sejam todas resistentes, mova o vaso no inverno para perto do abrigo de uma parede quente em regiões de clima temperado frio e envolva a vasilha em plástico-bolha, certificando-se de que a água possa drenar livremente – a umidade mata as ervas, especialmente em clima frio. Faça rega e nutrição frequentes e transplante para outro recipiente a cada três ou quatro anos, antes de as plantas começarem a se exaurir.

Acima: Coloque a vasilha em um local quente e protegido, longe dos ventos frios, e não descuide da rega em climas muito quentes.

À esquerda: Colha as folhas por igual a partir das pontas de cada planta para manter suas ervas em bom estado.

ERVAS

Como plantar uma vasilha de ervas

Material necessário
- Uma antiga vasilha de estanho; ■ Furadeira;
- Fita de vedação (*Silver Tape*); ■ Plástico-bolha;
- Pedriscos; ■ Substrato à base de argila; ■ Ervas como sálvia, cebolinhas-francesas, tomilho, alecrim e orégano (veja p. 140-157); ■ Pedriscos.

1 Faça os furos na base da vasilha sobre a fita de vedação – a fita impede que a furadeira escorregue. Em seguida, revista as laterais com plástico-bolha para protegê-la de calor e frio extremos. Acrescente uma camada de pedrisco para a água drenar livremente.

2 Acrescente uma mistura de partes iguais de substrato e pedrisco para ajudar ainda mais na drenagem, enchendo dois terços da vasilha.

3 Quando ainda em seus vasos, arrume as ervas na vasilha como desejar.

4 Tire-as dos respectivos vasos e plante na vasilha, completando com o substrato até que as ervas estejam bem fixas. Regue bem.

5 Coloque pedriscos como cobertura morta para manter a umidade longe da coroa das plantas. Regue e nutra com regularidade. Quando em crescimento, pode-as sempre para que fiquem bonitas.

Flores comestíveis

Permita que algumas borragens, que se reproduziram sozinhas, produzam flores ao redor do jardim para ajudar a atrair polinizadores todos os anos.

As calêndulas podem ser desidratadas em um forno sob baixa temperatura e armazenadas em potes, para serem usadas muito depois de ter acabado o verão.

Aviso: Algumas pessoas têm reações alérgicas a certos compostos incomuns das plantas, por isso é importante tomar cuidado ao experimentar as flores ou plantas raras pela primeira vez: prove apenas um pedacinho (não engula) e tenha alguém com você. Espere pelo menos uma hora antes de experimentar mais, então, ingira pequenas quantidades. Se você sentir um sabor amargo, apimentado demais, estranho ou impalatável, não engula. Cuspa fora. Um indício de que a planta talvez cause alergia é um inchaço ou outra reação na boca ou nos lábios.

Borragem

As flores azuis e cheias de vida da borragem (*Borago officinalis*) são há muito tempo as preferidas entre as iguarias comestíveis. Elas apresentam um sabor semelhante ao dos pepinos e conservam-se bem quando congeladas em forminhas de gelo. Abelhas e outros polinizadores também adoram essas flores (veja p. 24). Tente cultivá-las em um barril pequeno com outras flores, como as calêndulas e as escovinhas (veja a seguir texto sobre ambas), ou sozinhas, em um vaso de 20 cm ou mais de profundidade. A borragem se autofecunda com facilidade.

Requisitos básicos
Semeie na primavera e no verão em um local ensolarado. A germinação é rápida e você provavelmente poderá colhê-la dentro de cinco semanas. Colha sempre para que sua planta continue produzindo mais flores.

Colheita e armazenamento
Para obter flores em seu auge, colha de manhã, e use-as frescas, desidratadas ou congeladas.

Calêndula

As pétalas da calêndula (*Calendula*) conferem um vigor laranja reluzente e um toque apimentado a saladas, arroz, sopas e ensopados.

Requisitos básicos
De fácil cultivo, as calêndulas se autofecundam prontamente. Desenvolvem-se muito bem em vasos (veja p. 164) e jardineiras, e não são exigentes quanto ao tipo de substrato e o lugar, embora você tenha uma produção maior de flores se plantar ao sol. Semeie na primavera e proteja as mudas contra lesmas. Conserve as plantas em porte pequeno cortando as pontas de crescimento. Colha as flores com regularidade. Lave o pulgão-preto das folhas com sabão inseticida.

FLORES COMESTÍVEIS

A escovinha, uma flor anual e charmosa, pode ser semeada no outono para se obter plantas floridas maiores e precoces.

As lindas inflorescências de girassol seguem o sol ao longo do dia.

Colheita e armazenamento
Colhas-as ao abrirem e use-as frescas ou desidratadas.

Escovinha

As flores azul-vibrantes da escovinha (*Centaurea cyanus*) têm pouco aroma, embora possuam um sabor semelhante ao do cravo, doce e picante.

Requisitos básicos
Em um lugar aberto e ensolarado, semeie no outono ou no fim da primavera, em vasos grandes, cheios de substrato à base de argila e arenoso. A germinação leva até três semanas. Mantenha o substrato úmido até que as plantas se formem e, então, diminua a rega. Evite que os talos tombem amarrando os maços com cordão, e prolongue o período de florescimento colhendo as flores regularmente, descartando as murchas. Como são alvo de borboletas e abelhas, plante-as entre outras culturas – o cultivar Dwarf Blue Midget se desenvolve bem dessa maneira.

Colheita e armazenamento
Colha-as antes de abrirem completamente e use-as frescas ou desidratadas. Seque as flores logo depois de colhidas, pendurando-as em um local escuro e arejado.

Girassol

Todas as partes dessa flor são comestíveis. As pétalas do girassol (*Helianthus*) possuem um sabor suave de nozes, enquanto os botões, mais macios e verdes, são consumidos como o coração da alcachofra.

Requisitos básicos
Semeie ao ar livre a partir de meados da primavera, em substrato misturado a pedriscos para drenagem extra. Escolha um lugar quente e ensolarado. Cubra os vasos com redes e proteja plantas jovens de lesmas e caracóis (veja p. 32). Variedades mais altas talvez precisem de estaqueamento.

Colheita e armazenamento
Se o objetivo forem os botões, colha as flores antes de elas abrirem; se forem as pétalas, colha apenas as flores mais novas (veja p. 165), e se forem as sementes, deixe o disco floral no fim da inflorescência ficar amarelo, e então corte-o e coloque em um saco de papel até que esteja marrom-escuro. Então, consuma as sementes ou torre antes de armazená-las em um pote hermético. Ou você pode também deixar as sementes amadurecerem na planta – elas são adoradas pela vida silvestre.

FLORES COMESTÍVEIS 163

Barril de flores

As flores comestíveis, como calêndulas (*Calendula*) e capuchinhas (*Tropaeolum*), dão um toque alegre a saladas e outros pratos, além de ficarem deslumbrantes quando juntas em um recipiente grande. São todas fáceis de cultivar e ajudam a atrair polinizadores como abelhas, borboletas e insetos benéficos, como joaninhas e moscas da flor. Essas flores são capazes de espantar os afídeos dos feijões, portanto, coloque esse vaso no meio de outras culturas. O barril pequeno de madeira confere ao projeto uma aparência rústica.

Cultive sementes ou plante mudinhas de calêndula (veja p. 162), girassol (veja p. 163) e de capuchinha (veja p. 167) no início da primavera, e coloque-as em um peitoril de janela quente, até que estejam prontas para serem plantadas ao ar livre, em um barril pequeno. Como a lavanda (veja p. 166) dificilmente se propaga a partir da semente, é mais fácil comprá-la já desenvolvida em vaso, quando suas anuais estiverem prontas para serem transplantadas para o recipiente definitivo. A lavanda inglesa (por exemplo, *L. angustifolia* ou *L. x intermedia*) suporta melhor um substrato úmido durante o inverno do que as variedades francesas (*L. stoechas*), que precisam de bastante pedrisco acrescentado ao substrato para uma boa drenagem.

Coloque o barril em um lugar ensolarado – uma boa fonte adequada de luz e calor garantirá uma boa produção de flores e ajudará a gerar os óleos essenciais que conferem às lavandas sua deliciosa fragrância. Como todas essas plantas gostam de solos muito bem drenados, acrescente uma camada generosa de cacos de vaso de barro à base do barril antes de plantar. Estaqueie os girassóis se for preciso e corte fora as pontas de crescimento das capuchinhas para fortalecer a planta e encorajar um crescimento arbustivo. Quando as anuais começarem a morrer progressivamente, corte fora os cachos compridos de flores da lavanda. Desbaste de novo todos os anos no início da primavera.

Mesmo se for difícil acreditar que este maravilhoso vaso está repleto de flores comestíveis, essas plantas prometem colorir uma salada e acrescentar outra dimensão a uma série de pratos.

FLORES COMESTÍVEIS

Como plantar um barril de flores

Material necessário
- Sementes de calêndula, capuchinha e girassol, ou plantas jovens; ■ Vasinhos para propagação; ■ Barril pequeno;
- Material de drenagem (veja p. 15); ■ Substrato à base de argila;
- Duas plantas de lavanda inglesa, como a *Lavandula angustifolia*.

1 Semeie as capuchinhas e calêndulas em vasinhos num local ensolarado, mantendo o substrato úmido. Quando formarem folhas, desbaste as mudas. Transplante-as para vasos maiores até que estejam grandes o bastante para irem para o ambiente externo. Semeie três vasos individuais de girassol e propague-os do mesmo jeito.

2 Revista a base do pequeno barril com material de drenagem e em seguida encha dois terços do recipiente com o substrato, deixando espaço suficiente para plantar e regar com facilidade. Plante três girassóis no centro do barril, então insira as capuchinhas de modo que venham a cair em forma de cascata sobre a borda.

3 Plante as lavandas e preencha os vazios com as calêndulas. Assente o substrato ao redor dos torrões das raízes. Em seguida, regue bem todas as plantas. Durante o verão, regue com frequência para que elas não ressequem. Aplique um fertilizante rico em potássio a cada duas semanas.

4 Colha sempre as folhas e flores comestíveis da capuchinha e apanhe as pétalas de girassol quando as flores abrirem. Colha as calêndulas e lavandas quando for usá-las. Não pare de colher e de tirar as flores murchas para que novas flores sejam produzidas.

5 Acrescente cor e vitalidade a saladas espalhando sobre elas algumas flores e folhas de capuchinha recém-colhidas. Ambas possuem um sabor picante, semelhante ao do agrião, e vão alegrar qualquer prato de verão.

Variedades nanicas – formadoras de touceira – do lírio-de-um-dia são perfeitas para o cultivo em vaso.

A lavanda francesa (*L. stoechas*) precisa de um substrato de boa drenagem – essa é sua melhor proteção contra o inverno.

Lírio-de-um-dia

O lírio-de-um-dia produz quantidades enormes de flores, que duram apenas um dia, daí vem seu nome vulgar. Com uma colheita regular, essa planta produzirá flores ao longo de todo o verão.

Requisitos básicos

Todas as partes dessa flor popular na culinária chinesa são comestíveis: os pequenos botões podem ser consumidos à guisa de feijões; as flores fechadas são deliciosas em *tempura*; e as pétalas podem ser espalhadas em saladas e sopas. É fácil de cultivar e se desenvolve melhor em um vaso com 20 cm de profundidade ou mais. Use substrato à base de argila para maior estabilidade, pois a maioria das plantas é alta; ou selecione variedades anãs. Plante na primavera ou no verão a pleno sol, embora plantas com flores mais escuras prefiram um pouco de sombra. Para uma produção constante, mantenha o substrato úmido e retire as flores murchas.

Colheita e armazenamento

No outono, corte a planta inteira e, a cada três anos, divida as plantas para evitar que se acumulem e fiquem espremidas no vaso.

Lavanda

A lavanda (*Lavandula*) é usada há muito tempo para fins medicinais como calmante e relaxante muscular, e atualmente vem sendo consumida em bolachas, pães e chás. Há centenas de variedades que ficam belas em vasos de barro com 20 cm ou mais de profundidade.

Requisitos básicos

Para um aroma mais acentuado da flor, plante a lavanda em um local ensolarado (veja p. 164). Plante na primavera e no outono em substrato leve, de boa drenagem, e em seguida regue. Evite deixar as raízes dessa planta mediterrânea encharcadas, especialmente durante a noite. Mantenha o solo quase seco em meses mais frios e proteja-a de ventos fortes. Na primavera, faça uma poda severa, conservando parte dos ramos e não apenas os lenhosos. Sempre colha as flores boas e elimine as murchas. Preste atenção ao aparecimento do besouro do alecrim e de suas larvas, que se alimentam das folhas; chacoalhe a planta sobre um jornal e elimine os insetos que caírem.

Colheita e armazenamento

Colha as flores assim que se abrirem e use-as frescas ou pendure os ramos para secarem.

FLORES COMESTÍVEIS

A tão adorada flor capuchinha chega quase à perfeição – linda, comestível e benéfica ao ambiente.

Retire as flores murchas da planta e colha as violetas com regularidade para que a planta não fique exaurida e alta.

Capuchinha

Outra excelente flor comestível é a capuchinha (*Tropaeolum*). Suas flores, folhas e sementes têm sabor adocicado e picante. Ficam deliciosas em saladas ou quando misturadas a massas e fritadas, e cada parte da capuchinha é tão saborosa quanto parece.

Requisitos básicos

A capuchinha viceja em recipientes contendo substrato de boa drenagem, portanto, misture a ele muita areia grossa. Semeie tão logo as temperaturas estejam mais amenas na primavera (veja p. 165) e mantenha as plantas bem irrigadas. A maioria vai trepar sobre um suporte caso lhe seja dado um; do contrário, vai rastejar para as laterais do vaso. Essa flor também é uma ótima cultura associada (veja p. 27), conhecida por afastar o pulgão-preto do feijão e do repolho e atrair a mosca da flor, que ataca afídeos.

Colheita e armazenamento

Como as flores são saborosas apenas quando usadas frescas, colha-as instantes antes de consumir. Apanhe as sementes quando as vagens estiverem ainda verdes. Colha as folhas quando quiser acrescentar um toque picante às saladas.

Violeta

A flor de violeta possui um sabor doce e perfumado. A violeta perfumada (*Viola odorata*) possui uma doçura aromática, enquanto outras variedades, como o amor-perfeito (*V. tricolor*), têm um sabor semelhante ao da alface e da ervilha. Use as flores em saladas, sobremesas e chás. Floridas grande parte do ano, as violetas são de fácil cultivo.

Requisitos básicos

Compre mudas de bandeja, disponíveis no mercado a partir do outono; ou semeie na primavera empurrando de leve a semente para dentro do substrato. Deixe a semente descoberta enquanto germina. Violetas são plantas fáceis e descomplicadas que crescem praticamente em qualquer lugar. Vicejam sob a luz do sol em recipientes, jardineiras ou cestas pendentes, cuja profundidade seja de 10 cm ou mais. Sempre tire as flores murchas para que haja uma produção constante de flores durante toda a estação de crescimento.

Colheita e armazenamento

Apanhe as flores a partir da primavera até o início do verão e use-as frescas, desidratadas ou cristalizadas para degustar mais tarde.

Sabores primaveris

Algumas vezes você mal vê a hora de começar porque não há nada mais estimulante do que a primeira safra do ano. Este vaso simples contém uma seleção de culturas que podem ser semeadas e colhidas na primavera dentro de um período de poucas semanas.

Plantas de crescimento rápido são ótimas culturas intercalares (veja p. 16), mas vale a pena ter um vaso só para elas. Comece a preparar o recipiente em meados da primavera em um local quente e ensolarado, usando substrato leve e de boa drenagem. Não há necessidade de nutrir essa primeira safra, pois crescerá tão rápido que os nutrientes presentes no substrato são suficientes. Regue e limpe as ervas daninhas com cuidado, principalmente em clima quente, quando o espinafre e a alface sofrem para germinar se o tempo estiver quente demais, e também florescem antes mesmo que você perceba. Coloque o recipiente em um lugar fresco se as temperaturas ficarem realmente muito altas, e colha sempre as folhas verdes, os rabanetes e as cebolinhas quando novos. Colha e retire as flores murchas da violeta.

Visando uma produção constante, essas culturas podem ser semeadas, sem dificuldade, durante toda a estação de crescimento. Ao trocar para variedades mais resistentes à medida que o verão avança, esse recipiente poderá seguir produtivo até o ano seguinte. Se você for ampliar o período de colheita, acrescente com um garfo um pouquinho de fertilizante de liberação lenta para fornecer nutrientes extras a suas futuras culturas. Se as violetas ficarem exauridas, troque por plantas novas.

Acima: Este vaso simples e bonito fornecerá flores comestíveis de violeta para saladas frescas ao longo do ano. Elas costumam durar bastante quando colhidas com frequência.

À esquerda: Colha as culturas quando estiverem prontas. Arranque do solo as cebolinhas e os rabanetes antes que cresçam demais e apanhe as folhas de espinafre e as alfaces que rebrotam quando for usá-las.

FLORES COMESTÍVEIS

Como plantar um vaso de primavera

Material necessário
- Tina ou jardineira com 45 cm ou mais de comprimento;
- Material de drenagem (veja p. 15);
- Substrato para uso geral;
- Três plantas de violeta;
- Areia para demarcação;
- Sementes de alface, espinafre, cebolinha e rabanete.

1 Revista a base da tina com material de drenagem, e em seguida encha até três quartos com o substrato. Distribua as plantas de violeta por igual sobre a superfície do substrato e então plante-as, preenchendo os espaços vazios com mais substrato. Regue bem.

2 Use a areia para demarcar onde os vegetais deverão ser plantados, desenhando finas linhas sobre a superfície do substrato. Se não estiver contente com o desenho, você pode simplesmente apagar a areia com o dedo e fazer uma nova demarcação.

3 Quando aprovar o desenho, semeie os vegetais na areia. Em seguida, arraste o substrato adjacente sobre as sementes até que fiquem na profundidade recomendada pelo fabricante. Regue bem.

4 A maioria das mudas leva cerca de uma semana para se formar. Quando estiverem grandes o bastante para o manuseio, desbaste com cuidado, dando-lhes mais espaço para crescerem. Retire todas as ervas daninhas para que não concorram com as culturas em água e nutrientes.

5 Regue sempre sua tina. Os rabanetes racham quando não se desenvolvem de forma regular, e o espinafre floresce precocemente se o ambiente estiver seco demais. Colha os rabanetes quando ainda novos e crocantes, erguendo-os do substrato com cuidado. Colha os outros vegetais quando for usar.

Glossário

Adubação de cobertura Termo que descreve a aplicação de uma camada de substrato fresco sobre a superfície de um recipiente para a reposição de nutrientes; geralmente é feita removendo-se a última camada do substrato velho. Também se refere à cobertura decorativa que se aplica à superfície do solo ao redor da planta.

Anual Uma planta que completa seu ciclo de vida – germinação, florescimento e morte – no período de um ano.

Arbusto Planta que tem hastes lenhosas a partir da – ou próximo à – base, mas não possui um tronco central.

Árvore Planta com tronco ou haste lenhoso e central.

Árvore de tamanho standard e half-standard Árvore ou arbusto com um tronco único de até 2 m de altura. Uma árvore *half-standard* é menor, com cerca de 1,5 metro de altura.

Barril pequeno Recipiente reciclado, feito de barril de madeira que foi cortado ao meio.

Bienal Uma planta que completa seu ciclo de vida em dois anos.

Cobertura Camada de matéria orgânica ou inorgânica colocada sobre a superfície do solo ou substrato que reduz a perda de umidade, age como barreira contra ervas daninhas e pragas, evita a compactação do solo e ajuda a proteger a raiz das plantas contra climas frios.

Condução em líder central Um único líder, conduzido como uma única haste vertical.

Confinamento da raiz Termo usado para descrever uma planta que cresceu mais que o tamanho do vaso e cujas raízes estão apertadas, comprometendo seu desenvolvimento.

Cordão Uma árvore ou arbusto conduzidos na forma de uma haste única, e geralmente presos na parede com arames.

Cultivar Abreviação das palavras variedade cultivada (*varietas cultas,* do latim; abreviado como cv, do inglês *cultivated variety*). Refere-se a uma planta que foi originada por meio de técnicas de cultivo e não naturalmente. É usada também no lugar do termo *variedade*.

Cultivares com produção terminal Uma frutífera que produz seus frutos principalmente na ponta dos brotos do ano anterior.

Cultivares "com esporão" Frutífera que produz seu fruto em cachos sobre ramos curtos, chamados de esporões. Essas plantas demoram dois anos para se formarem.

Cultura intercalar Culturas de crescimento rápido, como os rabanetes, que são cultivadas entre a colheita de uma cultura principal e a semeadura de outra. São semeadas entre fileiras de outras culturas de desenvolvimento mais lento, como as pastinacas, otimizando-se, dessa forma, o espaço de cultivo. A cultura intercalar é colhida antes que a de crescimento mais lento esteja completamente pronta.

Cultura principal (de vegetais) Cultivares que produzem a cultura durante a principal estação de crescimento. A cultura principal da batata (batata safra) geralmente é colhida a partir de meados do verão. Ela demora um pouco mais para amadurecer do que a precoce (batata safrinha), e o tubérculo é maior, ocupa mais espaço. Conserva-se bem quando armazenada, diferentemente de outros tipos de batata.

Enxerto (garfo) Um broto ou botão que é cortado de uma planta para ser enxertado em um porta-enxerto. O enxerto é a parte superior da planta.

Ericácea Termo usado para descrever qualquer planta que precisa de um solo ácido (pH inferior ou igual a 6,5) para crescer, por exemplo, o mirtilo. Também se refere ao tipo de substrato ácido nos quais essas plantas precisam se desenvolver.

Espaldeira Uma árvore ou arbusto com um tronco vertical e hastes horizontais, geralmente conduzidos junto a muros ou paredes.

Espécie Categoria na classificação de plantas empregada para descrever um grupo de plantas relacionadas filogeneticamente e que, na escala taxonômica, se situa entre *gênero* e *variedade*. Tais plantas, quando propagadas a partir de sementes, originam descendentes com as mesmas características da planta-mãe.

Esterco Matéria orgânica curtida adicionada ao solo ou ao substrato caseiro para aumentar a fertilidade. Costuma ser de origem animal.

Florescimento prematuro/Produção de sementes Produzir sementes precocemente, em geral depois de um rápido florescimento. Um clima quente, seco ou um frio repentino costumam ser a causa desse problema.

Gênero Categoria na classificação de plantas empregada para descrever um grupo de plantas relacionadas filogeneticamente e que, na escala taxonômica, se situa entre *família* e *espécie*.

Leque Árvore ou arbusto conduzido de forma que seus galhos irradiam em um único plano, de um só caule pequeno.

Linhagem pura Termo usado para descrever uma planta que, quando autofecundada, origina descendentes com as mesmas características da geração parental; quando propagadas a partir da semente, plantas de uma mesma *espécie* são iguais à planta-mãe, diferentemente dos híbridos F1.

Minarete Cordões verticais de hastes simples para condução de árvores.

Morte progressiva A morte do caule ou de outra parte da planta após infecção ou dano localizado. Geralmente aparece como manchas desbotadas no caule e nas folhas murchas, que precisam ser removidas para que os sintomas não se espalhem.

Nebulização manual Termo que descreve a pulverização de algumas plantas com uma fina camada de água para aumentar a umidade no ambiente ao redor delas. Geralmente é feita para combater pragas, como os ácaros rajados.

Perene Uma planta que vive por mais de dois anos.

Polinização cruzada/fertilização cruzada A transferência do pólen do estame de uma flor para o estigma de outra flor de uma planta diferente.

Porta-enxerto (cavalo) A parte inferior de uma planta enxertada, a qual determina o tamanho de crescimento da planta. É acoplada ao *enxerto* (garfo).

Produção de sementes veja *Florescimento prematuro*.

Raiz pivotante A primeira e mais comprida raiz que confere estabilidade a algumas plantas e que cresce verticalmente para baixo, como na planta de pastinaca e no coentro.

Raiz nua Uma planta com pouca – ou pouquíssima – terra em suas raízes quando adquirida.

Saco de cultivo Saco de plástico comercial contendo especificamente substrato enriquecido e usado para o cultivo de culturas no lugar de vasos e do campo aberto.

Semeador Ferramenta manual usada para abrir buracos na terra ou para o plantio.

Semeadura por estação Semear individualmente ou em grupos de duas ou três sementes a distâncias fixas em um vaso ou *sulco*. Essa é uma boa maneira de semear de modo econômico e de reduzir a necessidade de futuro desbaste – é preciso apenas arrancar a muda mais fraca após a germinação.

Substrato à base de argila Substrato de vaso preparado com uma mistura de argila, turfa e areia e suplementos de nutrientes. É mais apropriado para vasos maiores, já que esse substrato é pesado e estável, e adequado para plantas sedentas, pois retém bem a umidade. É também melhor para plantas de cultivo longo. Também chamado de substrato à base de solo.

Substrato caseiro Material orgânico preparado em casa com restos de matéria vegetal misturados com papel, papelão e alguma sobra de cozinha; deixa-se descansar essa mistura para que ela se decomponha e produza um substrato rico em húmus (matéria orgânica) e de cor escura. Geralmente é usado como cobertura vegetal ou para nutrir o solo.

Substrato de vaso Um meio para o crescimento de plantas. Há vários tipos diferentes: substrato para uso geral, à base de argila, sem terra, e de ericácea. Todos possuem ingredientes diferentes, dependendo dos tipos de planta para os quais eles serão destinados.

Substrato para uso geral Um substrato para vaso feito de turfa, argila, areia e casca de árvore, além de um pouco de cal e fertilizante, apropriado para o cultivo de uma enorme variedade de plantas. Substratos para uso geral sem turfa também podem ser encontrados.

Substrato sem terra Substrato de vaso, geralmente à base de turfa no lugar de solo, mas algumas vezes formado por fibra de coco ou casca de árvore. Contém diferentes quantidades de nutrientes dependendo de sua finalidade: por exemplo, sementes precisam de menos nutrientes do que plantas mais duradouras. Devido a seu pouco peso, é um excelente substrato para vasos pequenos, jardineiras e cestas.

Sulco (como em sulco de semeadura) Sulco – ou vala – reto, estreito e raso no qual são semeadas as sementes.

Sulco de semeadura veja *Sulco*.

Transplantio (*Potting on*) Termo que descreve o transplante de mudas ou plantas jovens para vasos maiores, conferindo-lhes mais espaço para que continuem crescendo.

Transplantio para outro vaso (*Repotting*) Termo que descreve o processo de transplantar uma planta que cresceu em recipiente para outro vaso do mesmo tamanho depois de reduzir um pouco o tamanho do torrão da raiz, dando espaço, assim, para o substrato fresco.

Variedades antigas Variedades antigas, muitas vezes raras, que têm um sabor delicioso ou cor e forma incomuns, e se desenvolvem bem em um jardim. Elas costumam fazer polinização aberta, ou seja, não são híbridas e nunca foram geneticamente modificadas. Os horticultores podem guardar suas sementes para usá-las no futuro.

Variedade Categoria na classificação de plantas empregada para descrever um grupo de plantas relacionadas filogeneticamente e que na escala taxonômica é inferior à *espécie*. É comum ser usada no lugar do termo *cultivar*.

Índice

Nota ao leitor: Número de página em *itálico* indica uma imagem; página em **negrito** indica uma caixa de texto ou o título do assunto.

A

abelhas *24*, *72*
abóbora **92**
abobrinha **88**
   aclimatação 18
   em canteiros de um metro quadrado 37, *38*
   semear dentro de casa 20
ácaro responsável pela requeima das folhas 46
Ácaros do cassis 64
acelga **113**
aclimatação 18
Afídeos *34*, 34,119
afídeos da groselha 64
alecrim **156**
   pragas 35
alface *13*, **126-127**, **130-133**, 168-169
   alface roxa *17*
algas marinhas 15
alho **112**
alho-poró **108**
Allium ver cebolinha-francesa; alho; alho-poró; cebola
Amadurecimento artificial 115
amarelinha 15
ameixas **53**
   polinização 24-25
ameixeira 53
amor-perfeito *ver* Violeta
armadilhas de cerveja **34**
Armazenamento 30-31

Maçãs 42-43
   Pimentas 86
Armoracia rusticana ver raiz-forte
Aspargo 17
Atrair insetos benéficos e predadores naturais 26
azeitonas **54-55**

B

bacia *158-159*
barril 164-165
barril de água *29*
batatas **96-99**
   requeima 35
batata-doce **93-95**
bebedouro de pássaros 26
besouros 35
besouro da framboesa 57
besouro do alecrim 156
besouro-saltador 35, 107
berinjelas **82**, **84-85**
   polinização 25
   semeando dentro de casa 20
beterraba **100**, **102-103**, **126-127**
   em canteiros de um metro quadrado 37
Bok choy *134*, *136*
borragem **162**
   como cultura associada **27**, **76**
brássicas 17
   pragas 35
brotação de batatas 96, *98*

C

caixa-ninho 26
caixas organizadoras 84-85
calamondins ver cítricos

calêndula **162-163**
Calendula ver calêndulas
cancro bacteriano 50, 53
canteiros *26*
   construção *38*
   um metro quadrado 36-39
canteiros de um metro quadrado 36-39
   lista de conferência **37**
   plantar 38-39
capuchinha 164-165, **167**
   como cultura associada **27**
caracóis 32-34, 107
   detenção *39*
casca de cítricos contra lesmas **34**
cassis 64, **66-67**
cebolas **109-111**
cebolinhas **109-111**, 168-169
cebolinha-francesa **140**
   cebolinha-chinesa, como cultura associada **27**
   com cenouras **104-105**
cenouras *8*, **101**
   com cebolinha-francesa **104-105**
   como cultura associada *77*
   em canteiros de um metro quadrado 37
Centaurea cyanus, ver escovinha
cestas de pneu 110-111
cestas pendentes 13
   morangos **72-73**
   tomate-cereja **78-79**
cerejas **50-51**
cigarrinhas 156-157
cítricos **48-49**
coberturas *14*, 15, 25
   contra o frio 27

contra pragas *33*, **34**
contra ressecamento 28
cobertura de cascalho *14*
cobertura de pedregulho *14*
cochonilhas 55
coentro **142**, **144-145**
    colheita *31*
    como cultura associada **27**
coleta de água da chuva 28-29
colheita
    couve *129*
    culturas (em geral) 30-31
    do canteiro de um metro quadrado *39*
    folhas orientais *134*
    maçãs 42-45
    milho-doce *124*
    ruibarbo *116*
confrei 15
cordões **56**
couve **129**
couve-chinesa **134**
cravo-de-defunto **27**
    como cultura associada **76**
crespeira 52
culturas associadas *27*, **27**, **76**, **120-121**, **124-125**
culturas intercalares **16**
culturas (em geral)
    armazenamento 30-31
    colher 30-31
    escolher e comprar 16-17
    exigência de água 28
    germinar e firmar 18-21
    nutrir e proteger 22-27, 32
    pragas 32-35
Cymbopogon citratus, ver erva--cidreira

D
Damsons 53
desbaste *20*, 102
desbrotar 23, *81*, *83*, 90
doenças 34-35
drenagem 15, 27

E
echalotas **109**
endro **140-141**
erva-cidreira **142-143**
erva-doce **143**
    em jardineiras 146-147
ervas (em geral) **138-159**
ervilhas **122**, **126-127**
escovinha **163**
espinafre **114**, 168-169
    desbaste *20*
    em canteiros de um metro quadrado 37
estaqueamento 23
    em canteiros de um metro quadrado 37
    maçãs 44, *45*
    pepinos *91-92*
    vaso de verão *126-127*

F
favas **119**
feijão-comum **118**
feijão-da-espanha **118**
    colheita *31*
    e girassóis **120-121**
feijões
    aclimatação 18
    em canteiros de um metro quadrado 37, *38*

ferramentas para o cultivo **13**
ferrugem 108
fertilizante
    de liberação lenta *14*
    quando aplicar 23
    tipos 15
figos *7*, **47**
fita de cobre **34**
flores comestíveis 160-169
florescimento prematuro 109
Foeniculum vulgare, ver erva-doce
folha prateada 50, 53
folhas de salada **130-133**
    em canteiros de um metro quadrado 37
folhas orientais **134**
fornecimento de água 26
Framboesas **57-59**
frutas (em geral) 40-73
frutíferas
    escolher e comprar *17*, 17
    plantar 21

G
gel para plantio 28
Geranium 68
girassol **163**, 164-165
    e feijões **120-121**
grama decorativa mexicana 60
groselhas **64**
groselhas brancas 64
groselha preta 64, **66-67**
groselha-verde **56**
groselha vermelha 64

H
hissopo (*Hyssopus officinalis*) **148**

Helianthus ver girassol
hortaliças (em geral) **74-137**
    como culturas intercalares **16**
    escolher e comprar 16
    germinar e firmar 18-21
    inviáveis para vasos 17
hortelã 23, **149-151**

I
insetos
    benéficos 26, 34
    pragas 32-35
iscas de feromônio 53

J
Jardineiras 13
    Ervas **146-147**
joaninha 26

K
kumquat *ver* cítricos

L
lagartas *35*, 128
largarta da mosca serra 56
laranjas *ver* cítricos
Laurus nobilis ver louro
lavanda 164-165, **166**
    como cultura associada **27**
    pragas 35
lesmas 32-34, **34**, 93, 107
    detenção *39*
limão-siciliano *ver* cítricos
limão-taiti *ver* cítricos
lírio-de-um-dia **166**
louro **148-149**

M
maduro 118
maçãs **42-45**

mancha chocolate 119
manchas amargas 42
manjericão **152**, **154-155**
    como cultura associada **27**, 76
    desbrota *81*
    de folhas roxas *17*
mariposa-da-maçã 42
Mentha ver hortelã
mibuna **134-136**
microclimas 24
míldio 65
milho doce **123**
    e feijões **124-125**
    polinização 25
    semear dentro de casa 20
mirabela 53
mirtilos **60-63**
    colheita *30*
mizuna *131*, **134**, **136**
mofo cinzento 65, 71, 82, 131
moranga 92
    semear dentro de casa 20
morangos **70-73**
morangos-silvestres **70**
mosca branca **76**
mosca da cenoura **101**
mosca da espécie *Cydonia nigricana* 123
Mosca da espécie *Manduca sexta* **76**
mostarda *131*
    vermelha **134**
mudas, desbaste *20*
mudas no peitoril da janela *20*
Myosostis ver não-me-esqueças

N
não-me-esqueças *131*
nematoides contra lesmas **34**

O
Ocimum basilicum ver manjericão
oídio 34, 56, 65, 88, 89
O que fazer quando precisar se ausentar **24**
orégano **152-153**
    vários tipos *17*

P
pastinacas **106**
pepino **89**
    trepadeira **90-91**
peras **46**
perlita **14**
Petroselinum crispum ver salsinha
pêssegos **52**
    polinização 24
    transplantio *21*
pimentas **83**, **86-87**, **136**
pimentas 15, **83**, **154-155**
plantar no vaso 18
poda 23
    ameixas **53**
    azeitonas **55**
    cítricos **49**
    framboesas **57**
    groselhas **64**, 66-67
    maçãs **43**
    mirtilos **60**
    pêssegos **52**
    uvas **65**
podridão estilar 77
podridão parda 42, 46
polinização 24-25
pomelo *ver* frutas cítricas
por que cultivar plantas em vasos? 6-8
potássio 15
pragas 32-35
pragas de pássaros 56

proteção contra geadas 27
proteção contra o frio 27
proteger as culturas 22-27, 32
proteger com rede 25
pulgão-preto ver afídios
pulgão-verde ver afídeos

R
Rabanetes 16, **107**, 168-169
   em canteiros de um metro quadrado 37, *38*
raiz-forte **141**
recipientes
   tamanhos 28
   tipos 12-13, 28
recipientes reciclados 13
rega 23, 28-29
   dicas **28**
regadores 29
Repolho **128**
requeima 35, *35*, 96-97
requeima do tomateiro 35, 77
rúcula **135**, **154-155**
ruibarbo **115-117**

S
saco de cultivo 13
salsinha **153**
   em jardineiras 146-147
Salvia **156-157**
   pragas 35

sarna comum da batata 97
sarna da macieira 42
semear dentro de casa 20
   milho-doce **124-125**
sementes
   coletar e armazenar **31**
   dentro de casa 20-21
   escolher e comprar 16-17
   semear 18-21, 37
      beterrabas *103*
      cenouras 104
      coentros *144-145*
      espinafre 114
      folhas verdes *131*
      pepinos *91*
      pimentas *87*
      rúcula *155*
sementes híbridas F1 **31**
sistemas de irrigação 28, *29*
Square Foot Gardening 36
Stipa tenuissima ver grama decorativa mexicana
substratos 14, 28
substrato de ericácea 14
substrato de vaso 14, 28

T
Tagetes ver cravo-de-defunto
Thunbergia alata ver amarelinha
tomates *8*, **76-81**
   aclimatação *18*

cereja **78-79**
colheita *30*
cultivar Long Tom **80-81**
em canteiros de um metro quadrado *39*
requeima 35, 77
semear dentro de casa 20
Tomilho **157**
traça da cebola **108**
transplantar 25
Tropaeolum ver capuchinhas

U
uvas **65**, **68-69**

V
variedades antigas 16
   coleta de sementes **31**
vasos *ver* recipientes
vasos de barro 12-13, *13*
vasos de fibra de vidro 13
vasos de madeira 13 vasos de metal 13
vasos de plástico 13
vermiculita 14
Violeta **167**, 168-169
   em jardineiras 146-147

Agradecimentos

Os editores gostariam de agradecer aos seguintes fornecedores que, ao generosamente oferecerem seus produtos e abrirem mão de seu tempo, contribuíram com a realização deste livro:

Pelos regadores, substratos, fertilizantes, redes e vasos:
Julia Leakey, Crocus
www.crocus.co.uk;

Sophia Hedges, Garden Trading
www.gardentrading.co.uk;

Victoria Myhill, Harrod Horticultural
www.harrodhorticultural.com;

Andrew, Hen & Hammock
www.henandhammock.co.uk;

Emma De Maio, Stewarts
www.stewartcompany.co.uk;

Nicola Bacon, Westland Horticulture
www.gardenhealth.com e Marshalls Seeds
www.marshalls-seeds.co.uk;

Heather Gorringe e Sandra Montague, Wiggly Wigglers
www.wigglywigglers.co.uk.

Pelas sementes e plantas:
Janice, Jersey Plants Direct
www.jerseyplantsdirect.com;

David Turner, Mr. Fothergill's
www.mr-fothergills.co.uk;

Sally Norman, Sarah Raven
www.sarahraven.com

Francijn Suermondt e Shaun Brazendale, Sutton Seeds
www.suttons.co.uk;

Julie Butler, Thompson & Morgan
www.thompson-morgan.com;

Por nos ter ajudado a fotografar seus vasos:
Mathew Wilson, Victoria Kyme, Lucy Roberts e Charlotte Muswell, da Clifton Nurseries www.clifton.co.uk; Mario De Pace, da RHS Wisley www.rhs.org.uk; Jenny Richmond; Teresa Farnham; Don Mapp; Chris Achilleos da Marsh Lane Allotments; Mark Ridsill Smith; e Andy Male.

Créditos das fotografias

(a) alto; (b) embaixo; (e) esquerda; (c) centro; (d) direita
Capa: e/ad, John Glover/Garden Collection; bd, Andrea Jones Images/Alamy; **Quarta-capa**: ae, Christina Bollen/GAP Photos; ad/lombada, David Sarton/Octopus Publishing Group; be, Juliette Wade/GAP Photos; bd, John Glover/GAP Photos.

Todas as fotografias são de Steven Wooster, à exceção de:
Gap Photos: 59 bm Zara Napier.
Garden World Images: 95 GWI/Flowerphotos/J. Buckley; 124 r J.Swithinbank.
Octopus Publishing Groups: David Sarton 10-11, 14 ad, 123 b Gabriel Ash/RHS Chelsea Flower Show 2008; 24 e; 83 a; 130 e; 131. Torie Chugg 23 c; 42 a; 47; 48 e, d; 71 b; 71 ae. Stephen Robson (da Creative Vegetable Gardening) 68.

Suttons Seeds: 88 a; 118 b; 119; 123 a; 129 d; 157 a; 166 e.
The Garden Collection: 19 Liz Eddison/Design por Philippa Pearson/RHS Hampton Court; 25 ad Neil Sutherland; 35 a Bob Kennett-FLPA; 96 Derek St. Romaine.
Thinkstock: Dorling Kindersley RF 20 a; 31 b; 70; 76 b; 100 e; 114 a; 134 e, d; 153 b. Goodshoot 74-75. Hemera 26 be; 34 e; 42 b; 51; 69; 76 a; 85 bd; 114 b; 160-161; 163 e; 166 d; 167 e. iStockphoto 8 d; 13 e; 14 ae, ad; 16; 18; 20 b; 23 a; 24 d; 26 bd; 29 bd; 30 e, d; 32; 34 d; 35 b; 40-41; 45 bd; 46; 49; 50; 53; 61; 82; 92; 100 d; 101; 107 e, d; 108; 109 a, b; 112 b; 113; 118 a; 122; 128 a; 130 d; 135 a, b; 138-139; 140 a, b; 141 a; 142; 143 d; 148 b; 149 ce, be; 153 a; 156; 157 b; 162 e; 163 d; 165 bd.